국민의 건강, 농촌의 희망, 지구의 행복을 향해 걸어갑니다

배옥병의
세상을 바꾸는 행복한 밥상

배옥병 지음

도서출판 은빛

목차

추천사

이해찬 | 이인영 | 남인순 | 정해구 | 박원순
이재명 | 염태영 | 이수호 | 김영재 | 이창현

여는 글

1장. 옥병아, 같이 가자 23
청춘을 노동운동으로 채우다

나는 울창한 숲이 되려던 작은 씨앗이었다 | 옥병아, 너도 가자 | 여자가 배워서 뭐 하나 | 하루 15시간, 서통의 어린 노동자가 되다 | 노동운동에서 시민운동으로, 다시 사회운동으로 | 껍데기를 벗고서 | 계엄령 2시간 전 노조 결성 | 탄압 그리고 저항 | 1980년 서울의 봄 | 거꾸로 매달아도 | 34년 만의 무죄판결

- 생활의 최전선에서 실천가로 살아온, 자랑스러운 나의 선배 – 왕인순 56

2장. 엄마의 이름으로 풀뿌리가 되다 63
행복한 밥상을 위하여

노동운동을 넘어 시민운동으로 | 시민과 함께 풀뿌리 민주주의를 꿈꾸다 | 밥상 앞에 만인은 평등한가? | 먹거리의 사회적 의의 | 학교급식운동의 시작 | 학교급식전국네트워크의 출발 | 학교급식법 개정관련 운동 | 전국적 연대와 각계의 호응 | 전국적 학교급식조례제정발의 운동 | 우리 농산물 사용이 위법이라고? | 2006년 여성운동상 수상 | 친환경 무상급식의 정책화 | 의외의 복병, 나쁜 주민투표의 등장 | 희망의 밥상, 상생의 밥상 | 식량주권과 먹거리 선순환 시스템 | 학교급식운동의 의의 | 정치보복의 칼날 | 탄원서 | 200만 원 벌금형

- 기후위기 시대의 먹거리 운동가, 배옥병 – 이혜원 136
- 엄마의 마음으로, 함께 이룬 친환경 무상급식 – 김오열 139

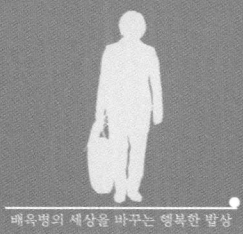

3장. 밥상으로 세상을 바꾸자 145
남아 있는 정책 과제

먹거리가 세상을 바꾼다 | 먹거리 시스템의 불안과 위기 | 위기의 시대, 무엇을 할 것인가 | 서울시민 먹거리기본권선언 | 먹거리 기본권의 보장 | 좋은 밥상을 고민하는 정치 | 학교급식을 넘어 공공급식으로 | 밥의 눈으로 세상을 보라

- 아이들에게 건강을,
  농민들에게 희망을 주는 사람 – 허헌중 180
- 학교급식운동에서 공공급식과 푸드플랜으로 – 윤병선 185

4장. 정책밥상, 밥상정책 191
-먹거리 종합계획수립을 위한 전문가 좌담회

배옥병의 세상을 바꾸는 행복한 밥상

추 천 사

국민의 밥상이 행복해지는 그날까지!

이해찬
(더불어민주당 대표)

반갑습니다. 더불어민주당 대표 이해찬입니다.

배옥병 대표님의 《배옥병의 세상을 바꾸는 행복한 밥상》 출간을 진심으로 축하드립니다. 우리 현대사의 가장 엄혹한 시기였던 1970년대부터 사회운동에 투신해 건강한 학교급식 만들기에 앞장서 온 배옥병 대표님의 열정과 비전이 책으로 정리되어 나온 것을 매우 뜻깊게 생각합니다.

배 대표님은 친환경 무상급식의 핵심인 건강한 먹거리의 안정적 수급을 위해 도농상생의 직영급식체계를 구축하고, 지역 먹거리 종합계획 수립 및 추진을 위해 전국을 누벼오셨습니다. 최근 민주당 먹거리특별위원회 공동위원장을 맡아 국민이 안심하고 드실 수 있는 건강한 먹거리 정책을 수립하는 데 매진해 오고 계십니다. 당과 개인의 발전은 물론 국민 밥상이 더 행복해지는 소중한 기회가 될 것입니다.

다시 한번 배옥병 대표님의 귀중한 활동기록이 담긴 새 책의 출간을 축하드리며, '국민의 건강, 농촌의 희망, 지구의 행복'을 향해 달리는 배옥병 대표님께도 변함없는 격려와 응원을 부탁드립니다. 경자년 새해, 댁내 가정 가정마다 건강과 만복이 깃드시기를 바랍니다.

밥상이 세상을 바꾼다

이인영
(더불어민주당 원내대표)

안녕하세요. 더불어민주당 원내대표 이인영입니다. 배옥병 전국먹거리연대 공동대표의 《배옥병의 세상을 바꾸는 행복한 밥상》 출간을 축하드립니다.

배옥병 대표는 '국민의 건강, 농촌의 희망, 지구의 행복을 위해'라는 슬로건처럼, 남들이 가지 않은 길을 참 열심히 달려왔습니다.

아무도 가지 않았던 길을 먼저 가는 만큼 힘들고 외로웠을지도 모르겠습니다. 하지만 그는 가는 곳마다 발자국을 남겼습니다. 크든 작든 무언가 반드시 이뤄냈습니다.

그는 뚜렷한 소신과 원칙을 견지하고 놀라운 추진력도 발휘했습니다. 학교자치를 통해 풀뿌리 민주주의를 구현하고, 학교급식법 개정 운동으로 친환경 무상급식을 실현했습니다. 이제는 세계에서 인정받는 먹거리 정책 전략가로 자리매김하고 있습니다.

그런 그가 이제 더 넓은 무대로 나아가고자 합니다. 그동안의 경력과 활약상에 비춰 보면 때늦은 감이 있을 정도입니다. 아무쪼록 그가 가고자 하는 길을 응원하고, 빛나는 성취를 기대합니다.

지구의 행복을 위한 새로운 길

남인순
(더불어민주당 최고위원)

《배옥병의 세상을 바꾸는 행복한 밥상》은 평생 친환경 무상급식, 시민운동, 여성노동자운동, 교육운동(학부모 운동)으로 헌신해온 배옥병 전국먹거리연대 공동대표의 삶이 녹아있는 첫 번째 책이기에 의미가 큽니다.

어린 여성노동자였던 배옥병 대표는 열다섯 시간의 살인적인 노동의 부당함에 항의하면서 노동운동을 시작하게 됩니다. 고통받는 이들을 위해 사는 것, 인간에 대한 존중과 사랑을 잃지 않는 것이 노동운동의 실천이라고 믿으며 살아왔습니다. 그 모습은 평생 친구이자 든든한 동지인 제게 감동을 줍니다. 점심을 굶는 어린 노동자를 굶지 않게 하겠다는 결심이 오늘날 좋은 먹거리를 위한 사회운동으로 발전하게 된 계기를 만들었습니다.

배옥병 대표가 친환경 무상급식운동 이후 먹거리 안전운동에 뛰어들었을 때 저도 그 뜻에 공감하고 함께했습니다. 현장에서는 늘 에너지가 넘쳤습니다. 저는 그의 열정과 추진력에 늘 놀라고 감탄했습니다. 그는 누구도 굶지 않는 세상 너머 안전하고 좋은 먹거리 문화를 만들어가려는 신념을 갖고 있습니다. 이제는 먹거리 운동을 통합적인 정치·사회 운동으로 확장해 나가고자 합니다.

제가 아는 배옥병 대표는 우리가 사는 세상을 보다 정의롭고 행복하게 만들기 위해 혼신의 힘을 다하는 사람입니다. 20여 년간 대한민국 먹거리 운동을 펼쳐온 배옥병 대표의 이력은 일상의 행복을 추구하는 우리의 생활 정치와 맞닿아 있기도 합니다. 그는 앞장서서 길을 만들었습니다. 좌고우면하지 않고 그 길을 묵묵히 걸어갔습니다. 우리 사회의 작은 목소리도 놓치지 않고 경청하는 배옥병 대표님을 응원합니다. 국민의 건강, 농촌의 희망, 지구의 행복을 향해 새로운 길을 열어가길 기대합니다.

포스트 산업화 시대의 역할을 기대하며

정해구
(성공회대학교 사회과학부 교수
전(前) 대통령직속 정책기획위원회 위원장)

우선 전국먹거리연대 공동대표이신 배옥병 대표님의 책 출간을 축하드립니다. 《배옥병의 세상을 바꾸는 행복한 밥상》이라는 제목이 시사하듯, 이 책은 그동안 배옥병 대표님이 살아온 인생, 특히 20여 년간에 걸친 먹거리운동에 대한 경험과 생각의 기록이라 할 수 있습니다.

사실 배옥병 대표는 거의 일생에 걸쳐 사회의 발전을 위해 노력을 아끼지 않은 분입니다. 독재정권 시대에 ㈜서통에서 노동운동을 시작하였고, 민주화 이후에는 친환경 급식운동 등 먹거리운동을 새롭게 개척하신 분입니다. 이 책에는 수십 년간에 걸쳐 이루어진 이 같은 노력의 내용과 구상이 정리되어 있습니다.

제가 배옥병 대표를 실제로 만난 것은 성공회대학에서였습니다. 배 대표가 제가 재직하고 있는 대학에 입학했기 때문입니다. 누구보다도 많은 경험과 생각을 가지고 있었지만, 뒤늦게나마 대학에 입학하여 어린 학생들과 같이 학문을 하고자 했던 그 용기와 진정성 자체가 삶에 대한 배 대표의 자세를 보여주는 것이라 생각합니다.

저는 포스트 산업화 시대에는 먹거리 문제 등을 비롯한 생태 문제가 우리 사회와 인류 최대 문제가 되리라 생각합니다. 따라서 배옥병 대표의 활동과 역할이 앞으로 더욱 중요해지리라 생각합니다. 그리고 그것은 운동을 넘어 정치로까지 확대되어야 합니다. 엘리트들의 권력정치가 아니라 보통 사람들의 생활정치가 그 어느 때보다도 중요한 때이기 때문입니다. 그런 점에서 향후 배옥병 대표의 활동과 역할을 더욱 기대합니다.

국민에게 필요한 건 든든한 일꾼입니다

박원순

(서울특별시장)

　배옥병 대표와 저는 1996년 가정폭력방지법 제정추진 범국민운동본부에서 같이 활동하는 등 시민사회에서 오래 인연을 맺어왔습니다. 배옥병 대표는 줄곧 우리 국민의 밥상의 질과 삶의 질을 높이기 위해 눈부신 활약을 펼쳐왔습니다.

　2011년 10월 서울시장 재보선 선거를 앞두고 저는 당시 후보로서 학부모, 농민·생산자 단체, 시민사회, 풀뿌리 단체 등이 참여한 가운데 친환경 무상급식 정책협약을 맺었습니다. 그리고 시장으로 당선된 후 첫 번째 결재안으로 친환경 무상급식을 확대하는 조례에 서명했습니다. 이 모든 것들이 배옥병 대표가 없었더라면 어려웠을 일입니다.

　배옥병 대표는 2017년부터 최근까지 서울시 먹거리정책자문관으로 활동하며 제게 큰 힘이 되어 주었습니다. 자문관으로서 '서울시 먹거리 마스터플랜 2020'을 입안했고, 이후 '먹거리 전략 2030'의 기틀을 마련하는 데도 큰 역할을 해줬습니다. 그는 리더의 자질이 충분한 인재입니다. 그의 앞날에 행운이 함께하길 진심으로 빕니다.

'먹거리 지킴이' 배옥병 대표님을 응원하며

이재명
(경기도지사)

　우리는 모두 건강한 삶을 영위할 권리를 가지고 있습니다. 그 기초는 먹거리입니다. 건강한 사회는 나이와 성별, 물리적·경제적·사회적 여건과 관계없이 누구나 안전하고 균형 잡힌 먹거리를 누릴 수 있어야 합니다. 누구나 안전하고 건강한 먹거리를 추구하는 시대입니다. 먹거리가 기본적인 권리로 인식되기까지에는 배옥병 전국먹거리연대 공동대표님의 지대한 헌신과 기여가 있었습니다. 특히 우리 아이들에게 친환경 급식을 무상으로 제공하는 길을 연 것은 우리 사회의 복지 수준을 한 단계 높인 공로입니다.

　이 책《배옥병의 세상을 바꾸는 행복한 밥상》에는 우리의 먹거리 권리를 보장하기 위해 분투해 오신 배옥병 대표님의 지난 여정이 잘 담겨 있습니다.

　어린 노동자 시절부터 지금까지 인생의 여정에서 숱한 위기를 만났지만, 위기를 기회로 바꾸어내며 뚝심 있게 정진해 오신 배옥병 대표님께 박수를 보냅니다. 배옥병 대표님은 사회 개혁에 대한 뜨거운 열정으로 시민사회를 이끌어온 만큼 생활정치 경험이 풍부한 분입니다. 앞으로도 계속하여 우리 사회를 위해 대표님의 능력을 힘껏 발휘해주시길 바랍니다.

가장 기본적인 안전은 먹거리 안전

염태영

(수원시장/전국시장 · 군수 · 구청장협의회 대표회장)

시장으로 일하면서 가장 신경 쓰이는 것이 시민의 안전입니다. 그중에서도 어린이와 학생들의 안전이며 특히 먹거리 안전은 세심히 살펴도 늘 부족한 영역입니다.

수원시는 지난 2012년 친환경학교급식지원센터를 열면서 먹거리 안전에 한 단계 진전을 볼 수 있었습니다. 당시 개소식에서 저는 "아이들에게 질 좋은 급식을 제공하는 문제는 민·관이 함께 협력해 지속적으로 풀어가야 할 공동 과제"라는 점을 분명히 했습니다. 그때 민간영역 협력 파트너로 학교급식전국네트워크 상임대표, 친환경무상급식풀뿌리국민연대 상임대표인 배옥병 대표가 있었습니다. 이번 책에는 배옥병 대표가 친환경 무상급식 활동 이후 공공급식시설의 먹거리 안전으로 관심을 확장한 과정이 잘 드러납니다.

한 분야에서 20여 년 활동하면서 머물지 않고 변화하는 세상과 호흡하며 꾸준히 성장해가는 모습이 저에게는 남다르게 다가옵니다. 전국의 학교급식을 친환경 무상급식으로 안착시키고 공공급식시설로 넓힌 추진력은 타의 추종을 불허합니다. 지금과 같은 추진력과 확장력으로 공익에 관심 갖는 이라면 분명히 더 큰 일을 할 거라고 장담합니다.

배옥병 전국먹거리연대 공동대표의 책 《배옥병의 세상을 바꾸는 행복한 밥상》 출간을 축하드립니다. 반드시 국민의 건강, 농촌의 희망, 지구의 행복을 이뤄주시길 바랍니다.

우리가 함께 나선다면 그 꿈은 반드시

이수호
(전태일기념관 관장)

배옥병은 참 신비로운 존재입니다. 열다섯 봉제 노동자로 시작한 그의 인생 역정은 매 순간 상처와 아픔이었지만 한번도 실망하거나 좌절하지 않았습니다. 노동운동, 교육운동, 먹거리운동으로 이어진 그의 생활을 통한 운동가로서의 삶은 그 자체가 우리 사회의 진정한 진보운동이었고 우리나라의 민주화운동이었습니다.

나는 교육운동 선상에서 그를 만났고 노동운동의 동지로 함께 싸웠고 친환경 급식운동을 지원하며 함께 활동했습니다. 가끔 만나는 그였지만 겸손하고 따뜻하면서도 단호한 모습이었습니다. 그리고 열정적이었습니다. 한번 시작하면 어떻게든 끌고 가는 끈기가 놀라운 사람이었습니다. 그것이 옳고 필요한 일이라면 포기할 줄 모르는 천성을 타고난 것 같았습니다.

그가 그동안의 삶을 정리하여 책으로 냈습니다. 노동 문제, 교육 문제, 먹거리 문제가 함께 녹아들어 있는 밥상에 천착하며 행복한 밥상을 통해 세상을 바꾸어 보려는 야심찬 배옥병의 꿈이 잘 드러나 있는 책입니다.

우리가 함께 나서면 그 꿈은 반드시 현실이 되리라 믿습니다.

우리 농민들의 영원한 친구이자 동지

김영재
(전국친환경농업인연합회장)

"아이들에게 건강을!! 농민에게 희망을!!"의 울림은 우리 사회에 큰 파장을 불러일으키며, 좌초되어가는 농업·농촌과 먹거리의 중요성을 알리는 결정적 계기가 되었습니다. GMO 같은 안전성이 검증되지 않은 값싼 수입농산물이 우리들의 밥상을 점령해가고 농민들은 지을 농사가 없어 한숨만 내쉬는 상황에서 친환경 학교급식 운동은 우리 농민들에게는 새로운 희망을 밝히는 등댓불 같은 역할을 하였습니다.

그 희망 만들기 역사의 중심에 배옥병 대표가 있었습니다. 농민들이 땅을 일구어 농사짓는다면 그녀는 전국을 누비며 국민과 정치권을 향한 외침으로 희망 먹거리 농사를 열정적으로 지었습니다. 그녀의 희망 농사는 오늘날의 친환경 무상급식이라는 열매를 맺게 했으며, 이제는 학교급식을 넘어 공공급식으로 영역이 확장되어가고 있습니다.

또한 최근 기후위기 대응과 지속가능한 먹거리 실현을 위한 지구밥상 실천운동은 배옥병 대표가 새롭게 일구고자 하는 희망 농사로 우리 사회에 큰 울림으로 퍼져나가고 있습니다. 거대 자본의 이윤 창출 수단으로 전락해버린 먹거리체계를 바로 잡고, 인간의 탐욕으로 시름하고 있는 지구 환경을 살려 미래 세대들에게 지속가능한 사회를 물려주는 시대적 사명을 앞장서 몸소 실천하고 있습니다.

국민의 건강, 농촌의 희망, 지구의 행복을 위해 달리는 그녀의 외침은 친환경 학교급식에서 그랬듯이 새로운 희망 농사 열매로 메아리쳐 오리라 확신합니다.

   항상 힘들고 어려울 때 우리 농민들과 함께하며, 농사일로 거칠고 투박해진 우리들의 손을 잡고 가슴 울먹이며 희망 농사의 의지를 불태우는 그녀는 우리 농민들의 영원한 친구이자 동지입니다.

행복한 밥상을 위한
아름다운 활동을 부탁합니다

이창현
(국민대학교 언론정보학부 교수, KBS 시청자위원회 위원장)

민심은 천심입니다. 민심은 밥심으로부터 나옵니다. 우리는 천심을 읽기 위해 밥상을 제대로 읽어야 합니다. 밥상 위에 세상의 모든 문제가 담겨 있으며 그 문제를 풀어야 세상을 바꿀 수 있습니다. 좋은 밥상이 만들어져야 좋은 세상이 이루어집니다. 행복한 밥상은 계급과 성별과 연령과 지역과 관계없이 평등해야 합니다. 행복한 밥상 공동체가 만들어져야 사회가 제대로 작동합니다. 먹거리 기본법을 통해 좋은 밥상이 만들어질 수 있는 국가체제를 만들어야 합니다.

배옥병 전국먹거리연대 공동대표는 누구도 굶지 않는 세상, 안전하고 좋은 먹거리를 만들어갈 사람입니다. 그는 아버지의 마음으로 어머니의 정성으로 살아갑니다. 쌀 한 톨이라도 함부로 대하면 안 된다고 합니다. 농부는 수백 번 정성을 기울인다고 강조합니다. 쌀 한 톨을 만들기 위한 농민의 정성을 아는 마음으로, 따뜻한 밥 한 그릇의 의미를 알려주는 어머니처럼 배옥병 대표는 우리의 안전한 먹거리 정책을 위한 활동을 해나갈 것입니다.

멋진 행보를 기대합니다. 마음을 담아 출간을 축하드립니다.

여는 글

2019년 여름은 관측상 가장 더웠다고 합니다. 여름이 더우면 겨울은 춥다고 했는데 올해는 유난히 따뜻한 겨울을 지내고 있습니다. 올겨울엔 좀처럼 눈이 오지 않네요. 흰 눈이 내리면 마음도 푸근할 것 같은데 하늘은 뿌옇습니다. 미세먼지가 가득한, 눈이 오지 않는 겨울이라니, 우리가 너무 멀리 와버린 건 아닌지 걱정입니다.

석탄연료를 쓸 수 없다며 작은 요트를 타고 대서양을 건너 UN에서 연설한 소녀가 있습니다. 그레타 툰베리입니다. 이 소녀는 지금의 기후변화가 자신의 삶에 끼칠 영향을 잘 알고 있습니다. 전 세계가 움직이고 있습니다. 지구는 이미 비상사태입니다.

푸드 저널리스트 마이클 부스가 제안한 2020년에 뜰 먹거리의 10가지 동향에는 음식물쓰레기와 포장재가 있습니다.

기후위기는 잘못된 먹거리 생산체계의 탓이 큽니다. 먼 곳에서 오는 먹거리, 사람의 몸에 맞추지 않은 생산방법, 지구의 환경을 악화시키는 농사, 화학비료, 살충제, 제초제, 환경호르몬. 그리고 포장재와 음식물쓰레기도 만만치 않은 문제입니다. 우리의 밥상을 망치는 것들은 전 지구의 환경도 파괴하고 있습니다. 이제 기후위기에 대처할 수 있도록 먹거리에 대한 종합적인 전략과 정책이 필요합니다. 더 늦출 수 없습니다.

그동안 제가 어떤 사회적 인간으로 살아왔는지, 이 책에 담았습니다.

농부의 딸로 태어나 산업개발시대의 노동운동을 겪고 시민들과 함께 풀뿌리 운동을 통해 아이들의 밥상을 바꿔왔습니다. 행정과 정치가 손 잡고 더 나은 복지체계를 만들도록 도왔습니다. 고민해왔던 먹거리에 대한 생각이 전국으로, 서울로, 세계로 뻗어 나갔습니다. 그간 활동해온 내용을 정리하면서 여러 사람들이 떠올랐습니다. 함께 싸워온 동지들, 시민들의 힘으로 많은 일을 해올 수 있었습니다.

　기후위기시대에 먹거리의 문제는 밥상의 문제를 넘어서 안보와 생존의 문제로 연결됩니다. 우리는 중대한 결정을 내려야 합니다. 같이 고민하고 싶습니다. 문제를 인식했으니 이제 함께 해결해나가고 싶습니다. 가까운 미래의 비전을 공유하는 의미로 이 책을 준비했습니다. 국민의 건강, 농촌의 희망, 지구의 행복을 위해 다시 한번 마음을 일으킵니다. 감사합니다.

2019년 12월
배옥병

배옥병의 세상을 바꾸는 행복한 밥상

I

옥병아, 같이 가자
청춘을 노동운동으로 채우다

"틈나는 대로 공부를 해라. 멈추지 마라. 여자라고 해서 주어진 조건 안에서만 사는 것은 아니다. 결혼해서도 마찬가지다. 가족만을 위해 희생하는 것은 행복한 삶이 아니다. 네 갈 길을 생각하고 삶의 주인공으로 살아라."

나는 울창한 숲이 되려던 작은 씨앗이었다

지난 2019년 11월에 아는 분의 결혼식장에 다녀왔다. 급식 활동을 하면서 가장 어려운 일을 하는 그룹은 학교 급식실에서 일하는 분들이다. 그중 한 분의 자녀 결혼식이었다. 신랑의 작은 엄마가 축가를 부르고 신부 엄마가 나가 축가에 맞춰 춤을 췄다. 다음에는 신랑 엄마가, 그 이후 신랑이 그들의 몸짓에 따라 흥을 실었다. 나는 그 모습을 보면서 급식실의 어려운 여건 속에서도 희망을 잃지 않고 살아온 그의 삶 이력이 겹치며 마음이 울컥했다. 웃고 있으면서도 눈물이 나는 장면이었다. 여성으로서 노동자로서 나도 그런 시간을 보냈기 때문에 그의 모습이 낯설지 않았다. 그 모습을 보자 지난 내 시간을 떠올릴 수밖에 없었다. 나는 어느 날부터인가 '잘 먹고 잘 산다는 게 뭘까?' 하고 행복에 대해 생각하게 되었다. 누군가를 고통에 빠트리지 않고 정직하게 노동한 대가를 바라는 삶, 그것을 통해 만족을 얻는 삶이야말로 진정 행복한 삶이 아닐까. 하지만 세상은 순응하고 타인을 배려하는 삶에 대해 가차 없다. 자본이 사람을 그렇게 만든다. 노동운동을 거쳐 사회운동으로 도약하는 내 삶 도처에 약자의 울음이 배어 있지 않은 곳이 없다. 구로공단의 어느 날의 일들이 나를 그렇게 살도록 이끌었다. 17살 어린 노동자였던 나는 고통 받는 약자들을 위해, 노동하는 이는 누구라도 대우받는 세상을 만들어야겠다고 다짐했다.

옥병아, 너도 가자

"옥병아, 너도 가자."

서울 구로공단으로 가자는 친구의 말에 마음이 흔들렸다. 당장 따라갈 수 있다면 얼마나 좋을까. 지겨운 농촌 생활에서 해방되고 싶었다. 돈 벌어서 하고 싶었던 공부도 하고 집안 살림도 일으킬 수 있을 것 같았다. 온전하게 내 삶을 희생하면서 살 수만은 없지 않나. 친구의 제안이 있었던 후로 계속 서울행에 대한 갈망이 머릿속을 맴돌았다.

명절만 되면 서울 구로공단에서 내려온 관광버스 행렬이 마을 입구에 모두 보란 듯이 줄지어 서 있었다. 다들 성공한 미래를 얻은 듯 보였다. 그들이 부러워서 차량이 도착하는 곳을 먼발치에서 내다보았다. 나는 언제 서울 가서 저렇게 멋있는 차를 타고 내려와 멋있는 가방에다 잔뜩 가족 선물을 들고 올 수 있을까 생각하면서…. 서울에 가면, 구로공단 노동자가 되면 뭐든지 다 이루어질 것 같았다. 부러운 마음이 쉽게 그들에게서 눈을 떼지 못하게 했다. 하지만 아직 내게는 건사해야 할 어린 동생들이 있었고 부모님의 농사를 도와야 했기 때문에 때가 아니라고 생각했다.

나는 '칠갑산' 노래로도 유명한 청양 칠갑산 자락 운곡면 영양리에서 농부의 딸로 태어났다. 노래는 '콩밭 매는 아낙네야, 베적삼이 흠뻑 젖는다'라는 가사로 시작한다. 내가 살던 곳의 빈한한 풍경이 한 줄 문장에 담겨 있다.

  가난한 집 오 남매 맏이로 태어났다는 것은 제 몫의 삶이란 없는 것과 같다. 내게 주어진 삶도 그러했다. 어린 나이에 결혼해 일가를 이룬 부모님이 계셨고, 주변을 둘러보면 푸른 하늘과 병풍처럼 펼쳐진 자연환경이 있었다. 농사일로 바쁜 부모를 돕는 아이들에게 그런 풍경은 그저 지겨운 일상의 연속에 지나지 않았다. 아름다움 같은 것은 가난 앞에서는 무력했다. 먹을 게 없었던 시절이라 서리를 맞기 전에 주운 밤과 감은 좋은 간식이었다. 소박하고 거친 먹거리였지만 순간의 단맛이 배고픔을 견디게 해주었다. 추수 끝에 다음 해 봄까지 버틸 먹거리들을 저장해서 아껴가며 먹었다. 산과 들에 아지랑이가 피어나고 아침 해가 오를 무렵 밭고랑과 들판에 조금씩 자라는 봄나물들을 기다리는 일도 나쁘지 않았다. 요즘은 간식으로도 잘 먹지 않는 것들로 끼니를 때운 시대를 이해하기 어려운 이도 있겠지만 그때는 누구나 다 그렇게 가난했다. 서로들 가난한 걸 알았기에 견딜 만했고 이보다 더 가난할 수는 없을 것이라 희망이 있었다. '내일은 조금 더 낫겠지'라는 막연한 기대가 오늘을 버티게 했고 내일을 기다릴 힘이 되었다. 가난한 모두가 어깨를 맞대며 살기에 고된 농사일에도 서로에게 의지가 되었고 버틸 힘이 되었다. 하지만 그런 낙천적인 생각은 수명이 짧았다.

할아버지 할머니의 환갑잔치 사진 (둘째 줄 가운데)

9살 무렵 (윗줄 가운데)

1960~1970년대 개발독재 시대의 농촌은 이렇다 할 산업기반이 없었다. 농사를 지으면 지을수록 더 가난해지는 것만 같았다. 1961년 공포된 '농산물가격유지법'은 오히려 농산물 가격을 낮게 책정하는 '저곡가' 정책을 유지하도록 만드는 꼴이 되었다. 저곡가로 농촌은 피폐해지고 농촌사회는 분해되었다.

국가 전체가 산업화 열풍에 휩싸이며 현금을 구경하기 어려운 농촌의 젊은이들은 도시로 눈을 돌렸다. 평생 농사를 지어서는 만져보지 못할 지폐를 손에 쥐고 세어볼 수 있다는 것은 환상적이었다. 우후죽순으로 커나가는 도시는 농민들을 유혹했다. 어서 이리로 오라고, 일자리를 주고 돈을 주겠다고, 사람은 서울로 보내고 말은 제주로 보내랬다고 하면서 말이다. 도시로 가면 더 나은 삶이 있을 것만 같았다.

결국 농촌은 도시에 값싼 노동력을 제공하는 근거지가 되었다. 유리된 농촌의 인력들은 저임금 노동자가 되어 도시로, 도시로 올라갔다. 저임금과 저곡가 정책은 동전의 양면처럼 떼려야 뗄 수 없는 것이었다. 이를 기반으로 도시와 대기업 중심 산업화가 틀을 잡아가는 시대가 도래했다. 농촌은 산업화 정책의 피해자로 걷잡을 수 없이 추락하기 시작했다.

여자가 배워서 뭐 하나

할머니와 할아버지는 평생을 열심히 일하고 성실하게 살았다.

하지만 남아선호사상이나 전근대적 가부장제의 틀에서 벗어날 수 없었다. 내가 초등학교 4학년이 되던 무렵 집안이 어려워지자 할머니 할아버지는 내가 학교 다니는 것을 반대하고 나섰다. 여자가 시집 잘 가면 되지 배워서 뭐하냐며 반대하신 것이다. 겨우 초등학교를 마칠 수 있었던 내가 중학교에 입학하는 것은 생각할 수 없는 꿈이었다.

농사일로 바쁘다 보니 집안일은 자연스레 내 몫이었다. 집안일을 거들며 동생을 돌봤다. 막냇동생은 기저귀까지 빨아 키웠던 탓에 지금도 애틋한 마음이 있다. 동생이 아파서 업고 갔던 일이 생각난다. 갑자기 열이 심하게 올라 담요를 둘러 동생을 업고 병원으로 뛰어갔다. 동네마다 보건소나 병원이 있는 시절이 아니라서 3~40분을 걸어야 병원에 갈 수 있었다.

어린 시절과 가족들을 생각하면 아픈 기억이 많다. 정말 열심히 일하며 살고 싶었던 아버지셨지만, 열심히 일해도 집안은 궁핍해져만 갔다. 나도 결혼하고 자식을 키워보니 어른도 아이들과 함께 성장한다는 단순한 사실을 이해하게 되었다. 아버지는 10대 후반에 결혼해 군대에 갔으니 자신의 삶보다는 종손으로서 의무만 졌던 숨 막히는 삶을 살았다. 자신이 성장해야 할 시기에 가족들을 책임져야 하는 버거운 짐을 떠안았다.

어머니를 떠올리면 항상 뭉클하고 애잔하다. 어렸을 때 다리가 아팠던 적이 있는데 버스를 타고 삼사십 리 길에 있던 한의원에 갔다. 치료를 마치고 돌아올 때 버스비가 없어서 엄마는 나만 태워 보내고 집까지 걸어오셨다. 버스로도 40분이나 걸리는 그 길을 보내며 엄마는 "걱정하지 마라. 아저씨가 내리라고 하는 데서 내려라. 엄마는 괜찮다"라고 말했다. 가족을 위해 어떤 노력도 게을리하지 않았던 어머니의 모습, 어떤 것에도 굴복하지 않는 어머니의 모습이 지금의 나를 만들었다. 학교를 포기해야 하는 내 처지에 대해 누구보다 아파하며 언젠가 배움의 길로 나아가야 한다고 했던 것도 어머니다. 여성으로서의 삶, 부모로서의 면모. 누군가 정해준 삶이 아니라 극복하고 나아가려는 어머니의 모습에서 나는 다양한 얼굴의 용기를 배울 수 있었다.

"틈나는 대로 공부를 해라. 멈추지 마라. 여자라고 해서 주어진 조건 안에서만 사는 것은 아니다. 결혼해서도 마찬가지다. 가족만을 위해 희생하는 것은 행복한 삶이 아니다. 네 갈 길을 생각하고 삶의 주인공으로 살아라."

영화 '82년생 김지영'이 수십 년 전 현실에 있다면 그것은 아마도 어머니의 모습이 아닐까. 어머니의 지지가 없었다면 나는 내 삶을 바꿀 엄두조차 내지 못했을 것이다. 노동운동을 하다 전두환 정권에 의해 부당하게 연행되어 구속되었을 때도, 재판받고 징역 1년 6월을 살 때도 어머니는 농사지은 쌀 두 가마로 떡을 해서 신고 와 재판에 방청을 온 제2공단 노동자 4~500명에게 나누어 주었다. 징역을 사는 동안에도 면회 와서 힘내라고 격려하고 돌아가고는 했다. 바깥에서 이렇게 지원했던 것은 어머니도 사회 정의에 대한 소신이 있었기 때문이다. 딸이 나쁜 짓한 게 아니라 노동자들의 권익향상을 위해서 앞장서다가 불이익을 당했다는 것에 자부심이 있었다. 단순하고 조용한 뒷바라지에 그치지 않고 늘 당당했다. "꿋꿋하게 버텨라. 여기서 네가 약해지면 너를 믿고 따랐던 사람들이 실망한다. 의지를 갖고 승리를 위해 끝까지 꺾이지 마라." 어떤 특정한 시기마다 어머니의 말은 삶의 지표가 되어 주었고 다시 일어서는 동력이 되었다. 어머니는 나를 세상에 세웠던 여성으로서, 동지로서 내 삶 한 부분을 차지하고 있다.

어머니는 나를 믿어주었다. 내가 무엇을 하든 딸이 하는 일이면 옳고 바른 일이라고 고개를 끄덕여주었다. 평생의 응원군이 있다는 건 더할 나위 없는 큰 힘이 된다.

하루 15시간, 서통의 어린 노동자가 되다

나도 새로운 세상으로 나아가고 싶었다. 농사일이 지겹기도 했지만, 도시로 나가면 더 나은 삶을 꾸려갈 수 있을 것 같았다. 봉급을 받는다면 집안에도 보탬이 될 것이다. 하지만 동생들을 돌봐야 하고 농사일을 도와야 한다는 생각이 구로공단으로 가려는 결심을 흔들었다. 얼마간의 갈등 끝에 나는 서통으로 가는 버스에 몸을 실었다. 집안 어른들을 설득해냈다. '하고 싶은 공부 하고, 내 의지대로 살아보리라.' 어머니의 말이 내 결심을 더 단단하게 만들었다. 1975년 9월 서통에 입사하였다.

70년대에 잘 나가던 수출업체 ㈜서통은 사실 저임금 여성노동자의 희생으로 신화를 만들었다. 나중에 알게 된 사실이지만, 당시 공단 수출업체들은 전국 방방곡곡을 돌며 달콤한 유혹으로 여성노동자들을 '모집'했다. 가발을 생산하여 수출했던 서통은 서울 구로동 제2공단에 있었다. 내가 회사를 들어갈 때의 1,500명 정도의 직원 중 99%는 여성노동자였고 사장이 충남 출신이라서 충남에서 온 여성 노동자들의 비율이 매우 높았다. 14세에서 27세까지 걸쳐 있었고, 5~6년 된 고참 나이가 20세 정도였다. 회사는 노동자를 공개 채용하지 않고 노동자들에게 특별 귀향 휴가를 주어 고향 사람이나 친척 중에서 신입사원을 데려오게 하였다. 한 사람을 데려오면 2천 원의 사례금을 줬다. 이들은 대개 명절에 회사 버스로 고향에 내려온 친구, 언니 등의 소개로 그 회사 버스를 타고 올라와 서통에 취직했다. 여성노동자들의 90% 이상이 기숙사 생활을 하였고, 노동 시간은 보통 아침 8시에서 저녁 7시까지로 되어있었다. 하루 15~16시간의 장시간 노동도 빈번했고, 휴일은 한 달에 두 번 있었다. 일거리가 없을 때는 휴업수당도 없이 무급으로 휴가를 주었다. 생리휴가, 월차휴가 등도 없었고 잔업·특근 수당은 생각할 수도 없었다.

모든 것이 낯설고 힘들었지만 그중 가장 버티기 힘든 것은 15시간이나 지속되는 노동시간이었다. 한 방에 16명이 기숙사 생활을 했는데 사감은 노동자 출신이 아니었다. 그들은 같은 여성이었음에도 우리를 권위적으로 대했다. 여성 노동자들은 대부분 2~3개월간 견습생인 '시다'로 일했고 어느 정도 기술을 익히면 정식으로 월급을 받았다. 회사 간부들은 '아무개는 새벽에 일찍 나와 일해서 10만 원을 벌었다'는 등의 말을 퍼뜨려 여성노동자들 간에 경쟁심을 조장하고 중노동을 강요하였다. 이러한 저임금 장시간 노동으로 여성노동자들은 시력 저하와 폐렴, 치질, 위장병에 코피까지 쏟는 일이 많았다. 임금은 도급제로 지급했고 상여금은 들어보지도 못했다. 가발의 종류마다 임금 단가가 달라 노동자들은 자기 생산량을 정확히 환산할 수 없었다. 따라서 월급이 맞게 나왔는지도 알 수 없었다. 그마저도 월 2만 원~10만 원으로 임금 차이가 컸다. 처음부터 경험 있는 숙련공을 뽑기도 했는데 서통과 YH는 당시 여성노동자들 사이에 인기가 많았다. 서울에 올라와서 취업했던 것이라 회사생활에 대한 환상이 컸다. 열심히 돈을 벌어서 고향에 계신 엄마, 아버지를 도와드릴 수 있을 뿐만 아니라 내 동생들에게 공부도 가르칠 수 있다는 기대감 때문이었다. 정식 미싱사가 되면 봉급도 더 받고 조수도 부릴 수 있다. 능숙하게 미싱을 타는 걸 보면 신비로웠다. 작은 목표가 생겼다. '나는 언제 미싱 탈 수 있을까?' 미싱사 언니들이 하라는 대로 꾀 안 부리고 정말 열심히 일하고 배웠다. 가발은 14번의 공정을 거쳐 만들어진다.

오전 7시에 일어나 8시에 아침 식사를 하고 점심을 먹고 휴식

없이 다시 오후 근무를 거친 후 다시 저녁을 먹고 야간 근무를 섰다. 미싱과 바늘이 오가는 작업장이라 늘 긴장해야 하는데, 쉴 새 없이 이어지는 작업이 쉽지 않았다. 밤 12시 넘어 새벽 1시, 2시까지 일을 하는 경우도 허다했다. 쉬라고 만든 주말에도 우리는 창백한 백열등 아래서 청춘이 바래도록 일을 하고 있었다.

그러다 보니 결국 병을 얻을 수밖에 없었고 매일 반복되는 철야 근무로 지쳐 쓰러지기 일쑤였다. 달콤했던 선전 문구와는 달리 서울 구로2공단, 가발 업체 서통에서의 생활은 그야말로 전쟁이었다.

어리고 배움이 적은 여성노동자들은 박정희 정권의 무관심과 방치 속에서 조국 근대화라는 핑계로 소모되었다. 1970년 11월 13일 전태일 열사가 "근로기준법을 준수하라!"라는 절규와 함께 분신한 이후로도 계속 이어진 대한민국의 민낯이다. 하지만 이것이 끝이 아니었다. 기본적인 법령도 지켜지지 않았던 공장은 사회의 보호망과도 멀리 떨어져 있었다. 군대와도 같이 극도로 폐쇄된 공간에서 기숙사와 공장만을 오가던 힘없는 여성노동자들은 관리자들의 폭행, 폭언, 성폭력에 시달려야 했다. 부푼 기대와 함께 시작한 서울 생활이었지만 도저히 이해할 수 없는 상황과 처우를 겪으면서 현실에 대한 문제의식이 다시 강하게 고개를 들기 시작했다.

관리자들의 폭언, 폭행은 단순히 옆 동료와 얘기를 했다든가 열심히 일을 안 했다는 것이 이유였지만 그것은 그들의 자의적 해석이었다. 이른바 '산업화한 가부장제도'의 다른 얼굴이었다. 여성이며 어린 노동자들은 이들의 폭력에 항의하지 못했다. 작업현장에서는 노동력을 최대로 쥐어짜기 위해 회사간부들이 거의 매일 인격적인 모욕을 주었다. 생산량이 적게 나오는 노동자를 회사 간부들이 여러 사람 앞에서 창피를 주고, 작업시간에 말을 하다 들키면 따귀를 때리는가 하면, 껌을 씹다 들키면 껌을 얼굴에 이겨 붙이고 여러 사람들 앞에 세워놓기까지 했다. 거기에다 작업 감시반들의 욕설이 난무하고, 작업복의 단추 한 개가 떨어져 나간 것 같은 사소한 일을 복장 불량이라고 벌을 주는 등 개인기합 및 단체기합도 수시로 이루어졌다. 용기가 없어서가 아니라 억압적인 분위기 속에서 노예와 같은 노동을 할 수밖에 없는 현실이었고 어린 여성 노동자들은 일상화된 억압을 감내해야 한다는 생각이 강했다.

도급제로 임금을 받기 때문에 하루 14시간 이상, 16시간, 심할 경우 18시간까지도 일을 했다. 사업주가 도급제를 도입해서 강요된 것이기도 했다. 더 많이 일해서 돈을 벌어야 한다는 것 때문에 새벽 2시부터 나가서 스스로 일하는 노동자들도 많았다. 하지만 도급제 노동은 고용-노동관계가 아니라 자신의 건강과 싸우는 것. 노동자 간의 치열한 경쟁과 갈등의 문제로 전환되었다.

노동운동에서 시민운동으로, 다시 사회운동으로

1978년 광화문 새문안교회의 대학생과 청년들이 구로공단에 '새얼야학'이라는 노동야학을 열었다. 외출에서 돌아오던 동료들이 야학 전단을 받아왔다. 좋은 기회였다. 나와 동료들도 그저 미싱사가 되어 돈만 벌기 위해 온 건 아니었다. 돈도 벌고 공부도 하고, 부당한 노동현실에서 벗어나 당당한 직장인, 직업인이 되고 싶어 12시간씩 일하며 버틴 것이다.

몇몇 동료들이 야학을 찾아갔다. 당시 야학은 검정고시 야학과 노동 야학으로 운영되었다. 우리가 찾아간 곳은 노동 야학이었다. 공장에서 노상 듣던 반공교육과 완전히 다른 이야기를 하는 사람들이 있었다. 노동 야학을 통해 나는 비로소 노동법과 근로기준법을 알게 되었다. 동일방직 여성노동자들의 삶을 알게 되었고 야학 교사가 전해 준 삼원섬유 유동우 선배의 '어느 돌멩이의 외침'을 읽었다. 전태일 열사의 일기장을 복사본으로 읽으면서 몇 날 며칠을 울었다. 처음엔 충격을 받았지만, 어느 때부터 내면으로부터 힘이 생겨났다.

노동자임에도 스스로 노동자임을 부정했던 시절을 뒤로하고 드디어 진짜 노동자로 한 발짝 내딛게 되었다. 내가 누구인지 알아야 했다. 내가 어디에 서 있는지도 알고 싶었다. 그리고 내가 나아갈 길도 찾고 싶었다. 야학을 다니며 공부한 대로라면, 나는 노동조합을 만들어야 했다. 바로 내가 서 있는 그곳, ㈜서통에서.

껍데기를 벗고서

회사의 부당한 행위에 대해 여성노동자들은 마냥 보고만 있을 수 없었고 잘못된 것을 바로잡아야 한다고 생각했다. 나는 당시 개발부에서 근무하고 있었다. 뜻이 맞는 동료들과 소모임을 시작하였다. 소모임 회원들은 1980년 3월에는 15명으로 늘어났고 틈틈이 노동조합에 관해 공부하였다.

사람을 모으고 설득하는 일이 우선이었다. 조직력과 활동성을 높이기 위해 기숙사에서 나와 자취를 시작했다. 좁고 작은 자취방들은 벌통집, 닭장집, 쪽방으로 불렸다. 아침마다 벌어지는 공동 화장실의 풍경, 옆방 사는 이의 숨소리까지 들리던 열악한 장소에서 나는 새로운 꿈을 꾸기 시작했다.

하지만 이런 내게 고비가 찾아왔다. 노동조합 결성 움직임을 눈치챈 사용자 측에서 나를 주동자로 지목하고 80년 3월에 본사로 발령을 냈다. 4만 원이던 내 월급을 12만 원으로 올렸고 나를 회유하기 시작했다. 회사는 나를 본사로 곧바로 발령을 내 계열사인 봉제 공장 하청 검사 업무를 맡게 하였다. 그리고 공장 근무 때와는 비교할 수 없을 정도의 파격적인 대우를 해주었다. 나를 달래 노조를 포기하게 만들기 위해서였다. 그러나 굴할 수 없었다. 노동조합을 만드는 일은 내가 해야 할 일이었기 때문이다.

계엄령 2시간 전 노조 결성

나는 본사 일과가 끝나면 자취방에서 공장의 동료들을 만났다. 회사간부들은 '구로공단에 계속 있으면 공순이 때가 묻는다'라는 이유를 들어 구로공단 자취방에서 명동 회사 주변으로 옮길 것을 강요하였다. 내가 이에 응하지 않자 회사는 참기 어려운 수모를 주면서 자진 사표를 유도하였다. 나는 일과 후에 계속 공장의 동료들을 만났고 3월 말에는 소모임 회원이 30명을 넘어섰다. 서통 노동자들이 노조를 결성하려는 움직임을 보이자, 회사 측은 1980년 5월 14일 저녁 현장주임, 조장 등 20여 명을 중국집에 모아놓고 섬유노조 서울의류지부 간부들이 참석한 가운데 노조를 결성하려 했다. 이 정보를 파악한 소모임 회원 등 40여 명은 이 모임에 밀고 들어가 노조결성에 함께하겠다고 하였다. 서울의류지부 간부들은 "…무식한 애들이 떠들고, 복잡한 이런 분위기에서는 노조를 결성할 수 없다"라면서 어디론가 사라져 버렸다.

소모임 회원들은 회의를 거듭한 끝에 어용노조를 막으려면 단체 행동을 할 수밖에 없다고 결론짓고, 5월 15일 새벽 4시 30분을 기해 회사 옥상에서 농성에 돌입하였다.

오전 7시에 옥상으로 1,500명의 노동자가 집결했다. 회사의 방해 공작을 규탄하고 민주노조 결성 허용과 최저임금을 보장해 줄 것을 촉구했다.

1980년 5월, 서통지부결성대회

"회사는 노조결성을 탄압하지 말라!"
"섬유노조와 서울의류지부는 공개 사과하라!"
"양성초임 1,100원을 2,100원으로 인상하라!"
"우리는 기계가 아니다. 도급제를 철폐하라!"
"18시간 노동을 8시간으로 하고 일요일은 쉬게 하라!"

1,500명 앞에서의 인생 첫 대중 연설을 했다. 부담이 되었지만 한 문장 한 문장을 뱉을 때마다 벅차올랐다. 회사간부들과 근로감독관들이 해산을 요구했으나, 여성노동자들은 회사 사장이 요구조건을 들어 줄 때까지 해산할 수 없다고 외쳤다. 새벽 4시 반에 시작된 농성은 아침밥과 점심을 굶으면서 오후 2시경까지 계속되었다. 그러나 회사는 답이 없었다.

5월의 뜨거운 뙤약볕 아래 견디다 못한 여성노동자들은 공개토론을 벌여 사장이 근무하는 명동 본사로 찾아가 요구조건을 관철하고 업무에 복귀하자는 합의를 이루었다. 공장 잔디밭으로 내려와 질서정연하게 회사 정문을 나서려 하자 경찰들이 여성노동자들에게 최루탄을 마구 쏘아 40여 명이 기절하고 팔이 부러지는 등 부상자들이 속출하였다. 노동부와 회사 사람들이 밧줄을 타고 옥상에 올라오고, 밀고 당기며 문이 부서져 찻길로 쏟아져 나온 사람들에게 전경들이 최루탄을 쏘아댔다. 팔이 부러지고 살이 찢어지는 부상자가 50여 명이나 발생했다. 나는 며칠 동안 밥도 안 먹은 상태에서 최루탄을 맞고 기절하기까지 했다.

분노한 여성노동자들은 더 많이 잔디밭으로 몰려들어 다시 무기한 농성에 돌입하겠다고 선언했다. 그때서야 회사 간부들이 협상에 나섰고, 노동자들은 요구조건 가운데 일부에 대해 합의각서를 받아냈다. 그러나 악명 높은 김영태 위원장의 섬유노조는 어용노조 해산과 민주노조 결성을 거부했고 노동자들은 서통지부 인정을 요구하며 다시 2박 3일간의 농성을 계속하였다. 결국 회사와 섬유노조는 1980년 5월의 격렬한 민주화 시위와 서통 노동자들의 끈질긴 요구에 굴복할 수밖에 없었다. 마침내 5월 17일 밤 10시, 섬유노조 부위원장, 노동부 소장, 회사 사장, 정보과 형사 등이 지켜보는 가운데 400여 명의 노동자들은 노조를 결성하였다. 3일간의 농성 끝에 10가지 합의사항을 이끌어냈다. 나를 지부장으로 선출함으로써 서통노조는 격동의 역사 속에 첫걸음을 내디뎠다.

서통노조가 결성된 지 2시간 만에 신군부는 비상계엄령을 전국으로 확대하였다. 민주화투쟁에 숨죽이며 기회를 노리던 신군부세력이 학생운동세력의 이른바 '서울역 회군'을 기점으로 전면적인 대반격을 시작한 것이다. 이후 각종 비상조치들이 나오면서 서통노조는 심각한 어려움을 겪게 되었다. 회사는 불과 몇 시간 전에 써준 합의각서를 무효화하는가 하면, 계엄령을 악용하여 노조를 파괴하려고 온갖 부당노동행위를 자행하였다. 조합원들에게 노조 탈퇴를 강요하고 야간학교 학생들에는 조합을 탈퇴하지 않으면 학교에 보내주지 않겠다고도 위협했으며, 나이 어린 여성노동자들에게 술과 고기를 사주며 회유하기도 하고, 조합원이 보는 앞에서 노조간부를 구타하여 공포 분위기를 조성하였다. 노조에서는 부당노동행위에 대한 시정을 노동행정기관에 요구하였으나 번번이 외면당했다.

서통노조는 조합원들에게 노조의 필요성을 역설하였고, 회사의 간계에 속지 말 것을 호소하였다. 회사의 탄압에도 불구하고 조합원 수는 900명으로 오히려 늘어났다. 노조는 1박 2일간의 워크숍과 교육을 여러 차례 실시하였고, 80명이 넘는 소모임 그룹장들이 부서별로 그룹을 형성하여 각 현장의 문제점들을 찾아서 스스로 풀어가도록 하였다. 노조에서는 상무집행회의나 그룹장들의 회의를 자주 가져 문제점들을 분석하고 조직 강화를 위한 대책을 세웠으며, 교육방안을 마련하기도 하였다.

이처럼 서통노조는 각 부서별 그룹들을 중심으로 하여 모든 조합원들의 참여를 독려하고 의견을 수렴하는 민주적인 방법으로 조직활동을 진행하였다. 노조가 조직적으로 적극 움직이면서 3개월이 지나자 회사의 反조직 행위가 줄어들었고 회사는 노조를 함부로 짓밟으려는 행동을 하지 못하게 되었다. 아무런 외부의 지원, 심지어는 섬유노조의 교육이나 지도 지원마저 막힌 상태에서 오직 저학력의 나이 어린 여성노동자들의 힘만으로 이룩한 놀라운 성과였다.

탄압 그리고 저항

　1980년 5월 17일 서통노동조합이 결성된 지 두 시간 후에 비상계엄이 전국으로 확대되었다. 모든 정치 활동이 중지되었고 정치 목적의 집회가 금지됐다. 전국 각지의 대학에는 휴교 조치가 내려졌고 세상은 얼어붙은 듯 정적에 빠져들었다. 그러나 광주 한 곳에서 격렬한 민중항쟁이 일어났다. 신군부 권력은 잔혹하기 그지없는 폭력으로 항쟁을 처절하게 찍어 눌렀다. 그리고 유신독재권력의 후계를 자처하면서 정권을 장악했고 민주 개혁 세력을 처참하게 탄압했다. 노동운동도 예외가 아니었다.

　전두환 정권은 가을에 접어들어 '노동계 정화조치'를 단행했다. 정권은 '비상계엄하 노동조합 활동지침'(80.7.1.), '노동조합 정화지침'(80.8.21.), '노동조합 정화 추진계획 시달'(80.9.15.), '정화된 노동조합 간부의 노조활동 금지'(80.11.4.) 등을 노동조합에 시달했다. 이에 따라 섬유노조에서는 9월 22일, 내가 '정화'되었다고 전화로 통보해왔다. 정화 조치란 사실상 자주적이고 민주적인 노동조합운동에 앞장서온 간부 또는 조합원들을 축출하기 위한 것이었다. 정화된 노동자들은 노조 직책에서 사퇴하고 현장으로 돌아가야 했고 얼마 후에는 직장에서 강제로 해고 조치 되었다. 각 현장에서는 강렬한 저항투쟁이 벌어졌으나 잔혹한 군부의 탄압을 극복하기에는 힘이 부쳤다. 서통노조는 나에 대한 정화 통보를 받고 심각한 논의를 거듭했다. 나는 지부장을 사퇴하고 현장으로 돌아가기로 결정했다. 그러나 이것이 끝이 아니었다. 더욱 가혹한 탄압이 기다리고 있었다.

계엄사 합동수사본부는 1980년 12월 8일부터는 2차로 '불순한 교육을 받은 사실 유무', '배후조종 유무', '사회혼란기도 유무' 등의 혐의로 서울을 중심으로 80여 명의 노동조합 간부들을 수사했다. 간부들은 7~20일간 수사를 받는 동안 가혹한 고문 등에 시달렸다. 다른 민주노조 간부들과 마찬가지로 나를 포함한 서통노조간부 6명도 계엄사령부 합동수사본부에 연행되어 20일 동안 고문 등 혹독한 조사를 받아야 했다. 그 후 6개월 뒤 나는 '국가보위에관한특별조치법'으로 구속되었고 한 달 동안 순화교육을 받아야 했다. 상체를 알몸으로 포복을 시켜 앞가슴이 피투성이가 된 채로 순화교육을 진행하였다. 당시 노동조합 활동에 대한 정화조치, 강압적 수사, 공포의 순화교육은 당시의 살벌한 정치 상황과 더불어 노동자들의 노동조합 활동에 위축을 가져왔다.

이와 같은 악조건 속에서도 서통노조는 각종 자체 활동을 통해 조직력을 강화해나갔다. 1981년 2월 13일 노조는 정기총회를 개최해 조합장(정인순)과 사무장(이종도) 등 새로운 집행부를 구성하였고, 집행부는 매주 조합원교육으로 신뢰감을 얻고 단체협약 개정, 노조소식지 발행을 추진하였다. 또 본조에 교육을 요청하여 본조 간부가 와서 두 차례 교육을 실시하기도 하였고, 회사 건립 이후 27년 만에 처음으로 노동절 행사(3월 10일)를 조합원들의 참여 속에 거행하였다.

1980년 서울의 봄

1979년부터 1980년까지는 그야말로 민주주의의 열망이 가득 찬 격동의 시기였다. 1979년 8월 YH무역 노동자들의 신민당사 투쟁을 기폭제로 하여 민주화와 노동운동의 열기가 고조되고 있었다. 부마항쟁과 10.26 박정희 피살이 연이어 터졌고 유신독재체제는 절체절명의 위기에 봉착했다. 신군부의 12.12쿠데타로 유신체제의 부활이 시도되었지만 민주화에 대한 기대와 국민적 열망은 날로 높아가고 있었다. 이른바 1980년 '서울의 봄'을 맞아 유신철폐를 요구하는 학생시위가 시시각각 격화하는 가운데 노동자들의 현장 투쟁 또한 폭발적인 양상을 보였고 서울의 봄이 실현되는 것만 같았다.

노동자투쟁은 임금인상, 체불임금 지급, 휴폐업 철회, 노동조건 개선, 노조활동 보장 등이 주 요구조건이었지만 노조민주화 또한 투쟁의 중요한 계기를 이루고 있었다. 노조민주화란 노동조합이 회사의 입장에서 운영되었던 소위 '어용노조'를 노동자들의 노조로 바꾸는 투쟁이었다. 단위노조의 경우에는 광주의 일신방직, 대동화학(4월 15일), 일신제강(4월 25일), 태양금속(4월 25일), 금성통신(4월 29일), 원진레이온(4월 28일), 남화전자 등에서 어용노조 민주화투쟁이 일어났다.

이 투쟁은 단위사업장의 경계를 뛰어넘어 산별노조와 한국노총과 같은 상급노조의 민주화운동으로 확산되었다. 1978년 동일방직노조를 파괴한 것으로 악명이 높았던 섬유노조에서는 1980년 1월 19일 열린 중앙위원회에서 당시 섬유노조위원장이면서 1979년 10월 노총위원장으로 당선된 김영태의 사퇴권고를 결의하였고, '섬유노조정상화추진위원회'가 구성되었다. 금속노조 남서울지부에서는 5월 3일 원풍농기구, 한일공업, 세진전자 등 9개 분회가 어용지부장 퇴진을 요구하며 농성을 벌였고, 여기에 대한전선, 대한중기, 동양강철, 새한자동차 등이 합세하여, 5월 9일 25개 지부와 분회소속 조합원들과 대의원 2,300여 명이 금속노조 대의원대회장을 점거하였다.

이들은 지난 14년간 위원장으로 있으면서 단위노조의 근로조건 개선 등을 지원하지 않고 신규노조 결성도 방해해온 김병룡 위원장 등 어용 노조간부들의 사퇴와 민주노조 결성을 요구하며 농성을 벌여 대의원대회를 무산시켰다. 이들은 김병룡이 계속 사퇴를 거부하자 '금속노조민주화추진위원회'(위원장 이종복)를 구성하여 지속적인 연대투쟁을 결의하였다.

1980년 5월 한국노총 지도부는 터져 나오는 노동자들의 투쟁에 놀라 5월 13일 노총 대강당에서 '노동기본권 확보를 위한 전국궐기대회'를 열었는데, 노총 지도부가 대회를 형식적으로 진행한 다음 끝내려고 하자 이에 반발한 민주노조의 조합원 3천여 명이 단상을 점거하고 '노총간부 즉시 퇴진'과 '정당대표들의 노동기본권 보장 약속'을 요구하며 농성에 들어갔다. 5월 13일부터 14일까지 노총회관에서의 철야농성을 통해, 이들은 노동3권의 완전보장을 위한 전국서명운동 전개, 김영태와 김병룡 등 어용간부의 퇴진, 정당대표들의 노동기본권 보장 약속을 촉구하였다. 그리고 정치상황의 변화를 주시하면서 다음 투쟁을 준비하기로 하고 일단 농성을 풀고 각기 작업장으로 복귀하였다.

이후 정치상황은 한 치 앞을 내다볼 수 없을 만큼 긴박하게 돌아갔다. 계엄 철폐, 유신잔당 퇴진을 요구하는 대학생시위는 전국에 걸쳐 날로 격화되어 5월 16일 서울역 광장의 백만을 넘는 집회 시위로 최고조에 이르렀다. 그러나 학생들은 '우리의 뜻을 충분히 알렸으니 학교로 돌아가 다음 상황을 두고 보자'며 이른바 '서울역 회군'을 결정하고 학업에 복귀하였다. 천재일우의 기회를 잡은 신군부는 5월 17일 24시를 기하여 비상계엄 선포지역을 서울일원에서 전국으로 확대하였다. 상황은 폭력과 공포의 암흑의 세계로 빠져들기 시작했다. 바로 이 두 시간 전 서울 구로공단의 한 가발공장에서 노동조합의 깃발이 용감하게 솟아올랐다. 바로 우리 ㈜서통 노동조합이다.

거꾸로 매달아도

1981년 4월 3일 임금인상을 위한 단체교섭이 시작되었다. 당시 서통 노동자의 임금수준은 섬유노조가 제시한 최저생계비에 111%나 미달된 상태였다. 노조는 35%의 인상안을 내놓았고 회사측은 10%, 15%를 고집하였다. 사장은 회의 중에 화장실에 다녀온다면서 나가 승용차를 타고 도망하다가 조합원들에게 제지당해 되돌아온 경우도 두 차례나 있었다. 근로감독관은 조합원들에게 "무식한 년들이 알려주는 대로 가만히 있지, 뭘 안다고 떠드느냐?"라는 폭언을 했고, 전 조합원이 공개사과를 요구하며 격렬하게 항의하자 결국 공개사과를 하는 웃지 못할 일도 있었다.

노사교섭이 회사 안 20%, 노조 안 30%에서 더 이상 절충되지 않자 회사측은 자기네들이 조합원들을 직접 설득해보겠다고 제안하였다. 사장이 1981년 5월 9일 저녁 6시에 300여 명의 조합원을 강당에 모아놓고, 회사 사정이 어려워 20% 이상의 인상은 할 수 없다는 한마디만 하고 퇴장하려 하자, 이에 분노한 조합원들이 격렬한 질문 공세를 퍼부으며 회사 측의 해명을 요구하였다.

사장이 이를 무시하고 나가려 하자 노조간부들과 조합원들이 대답을 하고 나가라며 앞을 막아 사장은 다시 의자에 앉게 되었다. 조합원들은 즉시 강당 바닥에 앉아 노래를 부르기 시작하였다. 잠시 후 남부경찰서장은 사장을 만난 후에 23% 인상안을 받아들일 것을 요구하였고, 말을 안 들으면 구속하겠다고 눈을 부라렸다. 노조간부들이 23% 인상안을 받아들이자고 설득하자 조합원들은 울음을 멈추지 못했다. 마침내 5월 10일 새벽 2시 반에 회사와 노조측이 서명해 23% 임금인상안이 최종적으로 결정되었다.

이후 노조는 조직력을 강화하기 위해 교육활동을 추진했다. 그러나 회사와 관계기관의 탄압과 섬유노조의 비협조로 조합원 교육을 제대로 실시할 수 없었다. 노조는 기관지를 발간하여 조합원들을 간접적으로 교육하는 방법을 강구했다. 그리고 노조기관지인 《상록수》를 발행해 1981년 5월 19일 조합원들에게 배포하였다. 남부경찰서는 우리 노조기관지를 모두 압수하고 노조간부들을 대거 연행하여 조사했으나 그 내용에서 아무런 문제점을 찾지 못하자 풀어주었다가 6월 1일 현장에서 일하고 있는 나와 노조간부 5명을 연행하였다. 이와 함께 배후조종혐의로 섬유노조 전 기획위원 이목희와 야학교사 등도 연행해 조사했다. 경찰조사 과정에서 노조간부들은 심한 욕설과 구타를 당했다,

나는 거꾸로 매달린 상태로 고문까지 당했다. 16일이 지나자 연행된 사람들에게 조치가 떨어졌다. 내가 1년 전 노조 결성 당시 3일간의 파업농성을 벌여 '국가보위에관한특별조치법' 9조를 위반했고 지난 5월 9일 회사강당에서 사장을 감금하도록 배후조종해 '폭력행위등처벌에관한법'을 위반했다는 것이 그 이유였다. 다른 노조간부 5명은 '폭력행위등처벌에관한법' 위반 혐의로 불구속기소 되었다. 아울러 이목희 등은 단체교섭을 지원하여 개정된 노동조합법상 '제3자 개입 금지'조항을 위반했다는 혐의로 구속하였다.

'상록수사건' 발생으로부터 5개월째인 10월 16일 재판이 열렸

다. 조합원 300여 명은 서울남부지방법원에 몰려갔으나 사복경찰들로부터 심한 욕설과 폭언을 듣고 밀려났다. 이후 12월 4일 조합원 300여 명이 방청한 재판에서 나는 징역 2년 6월, 이목희는 징역 1년 6월, 나머지 노조간부 5명은 징역 1년 6월에 집행유예 2년의 형을 선고받았다. 유신독재가 끝났는데 국가보위법은 무엇이며 노조간부들이 사장을 회사강당에서 감금했다는 것은 또 무엇인가. 도대체 말이 되지 않았다. 폭력은 오히려 남성사원들이 여성조합원들에게 휘두른 것이었는데 경찰은 제멋대로 죄를 뒤집어씌웠고 법원은 경찰 말대로 형을 때렸다.

34년 만의 무죄판결

서통노조에 대한 회사와 관계 당국의 탄압은 점점 더 이루 말할 수 없이 가혹하고 노골적으로 이루어졌다. 1981년 8월 7일, 서울시는 임원개선명령을 내리겠다는 압력을 가해왔고 9월 8일, 서울시는 갑자기 서통노조에 대해 감사를 나와 갖은 욕설과 함께 노조를 해산시키겠다며 협박하였다. 9월 16일, 서울시는 공문을 보내 9월 30일까지 감사결과 지적사항을 시정하라고 명령했다. 이어 9월 18일과 11월 4일 서울시지방노동위원회는 노조간부들을 출두시켜 '너희들같이 불순한 임원들은 다 갈아치워야 한다'면서 상집임원 32명을 전부 개선하라고 명령하였다. 서울시는 12월 7일 공문을 보내 12월 15일까지 임원을 개선하고 그 결과를 보고하라고 지시하였다. 이와 때를 같이 하여 남부경찰서, 노동부관악사무소, 서울시 직원들이 매일 회사에서 회사간부들과 만나 모임을 갖고 있었다.

다음날인 12월 8일 회사는 기소되었던 6명의 노조간부들이 유죄판결을 받았다는 이유로 해고하였다. 이어 12월 9일에는 14명을 해고하였다. 해고자들은 부조합장, 회계감사와 상집위원들이 대부분이었다. 조합원들은 점심시간과 퇴근 후에 노조사무실에서 '엉터리, 날치기 해고'라고 거세게 항의농성을 벌이는 한편 대의원을 선출하였다.

그러나 서울시는 다시 대의원을 뽑으라고 지시했고 노조는 1981년 12월 12일 두 번째로 대의원들을 선출해 회사측 후보자들을 물리치고 정인순을 조합장으로 뽑았다. 그러자 서울시는 14일 또다시 공문을 보내 '대의원선출무효및재선출지시' 명령을 내렸다. 그 이유는 선거규정을 통과시킬 때 상집간부 15명 중 8명이 회사가 그사이에 부당해고한 사람들인데, 이들이 간부로서 무자격자이기 때문에 대의원 선출이 무효라는 것이었다. 이렇게 회사가 부당해고한 노조임원들을 그 즉시 서울시에서 알고 있을 정도로 회사와 서울시의 손발이 척척 맞았다.

한편 회사와 경찰에서는 시골의 부모들에게 연락해 해고 노동자들을 집으로 끌고 가게 했다. 노동자들은 격렬하게 몸부림치며 저항했지만 경찰과 회사측의 위협과 협박과 회유에 어쩔 수 없었다. 이 사태를 본 조합원들은 분노하여 12월 21일 300여 명이 노조사무실에 모여 '해고자 복직'을 외치면서 밤샘 농성에 들어갔다. 경찰은 농성을 주동했다는 이유로 조합원 서옥숙과 전영애를 이틀간 조사하였고, 회사는 두 사람을 해고하였다. 이들 2명을 해고한 뒤에도 하루에 수십 명씩 모두 150명을 해고했다.

조합원들의 저항이 격렬해지고 해고사태로 현장이 혼란해지자 서울시는 임원개선명령을 1982년 1월 8일로 연기했다. 이 사이 회사측은 '배옥병 전 지부장 및 간부들이 어용이었으며 간첩이었다'는 말을 퍼뜨리고 다녔다. 이에 항의하는 조합원은 남부경찰서에 연행하여 조사한 후 고향으로 내려보냈다. 1981년 12월 30일 회사측은 미리 계획한 대로 자기네 편이 된 2명의 간부에게 직무대리를 맡겼으며, 입후보하려는 조합원들을 입후보를 좌절시키거나 퇴사를 강요하였다. 회사 측은 대의원대회를 열어 노조를 완전히 어용노조로 변질시켰다. 회사와 어용노조의 탄압에 견디다 못한 조합원들이 사표를 내어 1천 200명의 노동조합원은 650명으로 줄어들었다.

갖은 어려움 속에서도 민주노조로 굳건하게 성장하고 있는 서통노조를 회사와 정부당국은 철저히 파괴하려고 갖은 애를 썼다. 특히 1981년 8월 이후 서울시, 남부경찰서, 노동부관악사무소 등 정부기관들이 무슨 일이 있더라도 서통노조를 파괴하겠다는 일념으로 회사측과 공모했다.

서울고법 형사5부(부장 김상준)는 옛 국가보위에 관한 특별조치법(국가보위법) 위반 등의 혐의로 기소된 배 전 지부장에 대한 재심에서 무죄를 선고한다고 5일 밝혔다. 재판부는 "국가보위법은 헌법이 요구하는 국가긴급권의 실체적 발동요건, 사후통제, 시간적 한계에 위반돼 헌법에 어긋나 위헌"이라며 "따라서 이를 전제로 한 국가보위법상 규정들도 모두 위헌"이라고 무죄 선고 이유를 말했다. - 〈중앙일보〉(2015년 7월 5일자)

2015년 7월 5일 재심법원은 "국가보위 특별법, 헌법에 위반…근로3권 본질 침해"로 무죄를 선고했다. 국가보위법은 1971년 박정희 전 대통령이 국가비상사태를 선포하고 만든 법으로 '유신헌법'의 기초가 됐다는 비판을 받으며 계속 남아 있다가 1981년에 폐지되었다.

1년 6개월의 교도소 생활은 고통스러웠지만 많은 동지들을 만나게 해준 내 삶의 또 다른 사건이었다. 영치금을 보내주던 이, 편지로 용기를 주던 수많은 사람들. 70년대 엄혹한 시절에 노동운동을 하면서 얼마나 많은 갈등을 했을까. 나는 교도소 생활 내내 그간 나를 이 자리까지 오도록 만들었던 수많은 이들의 투쟁을 잊을 수가 없었다.

그 시절 만났던 이들은 여전히 나를 다시 일어서게 하는 힘이다. 드러나거나 드러나지 않는 갈등, 노선이 달라서 불거지는 갈등 사이에서 서로에게 상처를 주는 활동가들을 좀 더 유연하게 만드는 동력이 되었다. 사람과 사람으로 맺어진 *끈끈함*은 오랫동안 내 삶을 채워주었다.

출소 후 전과자가 되어버린 나에 대한 사람들의 냉소와 탄식이 이어졌다. 그 당시에도 결혼하기에 늦은 나이였는데 교도소까지 다녀온 딸에 대해 좋게 볼 리가 없었다. 하지만 나는 더 바빠졌을 뿐이다. 70년대 민주노조운동 하다가 해고된 컨트롤데이타나 동일방직 청계피복노조 등 활동가들이 모여 만든 최초의 공개 노동운동단체인 노동자복지협의회의 결성에 참여하는 일에 몰두했다.

'함께 일할 수 있는 사람을 만나 결혼하고, 서로의 동지가 되어 계속 활동할 수 있었으면 좋겠다'라는 생각을 하고 있던 차에 YH의 박태연 씨 소개로, 그 무렵 민주노동자연맹 사건으로 들어갔다가 8·15특사로 막 세상에 나온 송병춘 씨를 만나 이듬해인 1984년 1월에 결혼했다. 남편은 내면이 따뜻하고 사람에 대한 배려가 깊은 사람이었다. 일생의 반려자일 뿐 아니라 소중한 동지였다. 결혼이 족쇄가 되기보다는 외려 여성으로서 자각의 계기가 되었고 서로에게 든든한 뒷받침이 되었다.

배옥병을 말한다

생활의 최전선에서 실천가로 살아온, 자랑스러운 나의 선배

왕인순
(전 한국여성노동자회 부대표, 요가이완연구소 소장)

배옥병 선배와 나는 32년 지기이다. 1987년 3월 21일 창립한 한국여성노동자회의 창립 멤버인 옥병 선배는 꽃다운 청춘의 10년을 꼬박 여성노동자회 활동에 헌신했다. 옥병 선배를 한마디로 표현해보라면, '세상을 가슴에 품은 열정과 추진력의 화신'이라고 말하고 싶다.

창립 석 달 후에 1987년 6월 민주항쟁, 노동자대투쟁이 전개되었다. 약 두 달 사이에 1천여 개가 넘는 노동조합이 결성되었고, 쟁의사업장은 전국적으로 10만 개가 넘을 정도로 노동운동이 봇물 터지듯 터져 나오던 때였다. 1970년대와 1980년대 민주노조운동의 여성지도자들이 활동했던 여성노동자회에는 가족운동과 노동조합 결성을 지원해달라는 요청이 쇄도하였다.

옥병 선배는 남성사업장 노동자들의 부인들을 만나서 파업, 해고, 구속으로 인한 정신적·경제적인 어려움을 함께 나누고 한국 사회와 노동운동에 대한 이해를 높였다. 이를 통해 부인들이 노동운동에 동참하도록 격려했다. 이 과정에서 여성 의식을 제고하는 교육, 부부갈등이나 자녀문제에 대한 상담도 진행했다.

현장 감각이 매우 뛰어났던 옥병 선배가 수행했던 노동조합 지원활동으로 맥스테크노동조합 투쟁을 꼽지 않을 수 없다. 맥스테크노동조합 여성노동자들의 치열했던 투쟁과 연대운동은 서울지역노동자협의회 창립에 크게 기여했을 정도로 역사적으로 큰 의미가 있는 투쟁이었다. 위장폐업과 갖가지 부당노동행위에 맞선 여성노동자들의 운동은 여성운동계에서도 매우 의미 있는 운동으로 여겨졌고, 1988년 한국여성단체연합은 맥스테크노동조합을 '올해의 여성운동상' 수상자로 선정하였다. 어린 아들을 포대기에 업고 온갖 회의와 소모임을 이끌면서 교육하랴, 조직하랴, 투쟁지원하랴, 상담하랴, 이리 뛰고 저리 뛰던 선배의 모습이 잊히지 않는다.

부당함에 분노하고, 숱한 밤을 지새우며 여성노동자와 희로애락을 함께하고, 시련이 있어도 포기하지 않고 여성노동자원동과 육아를 병행하는 고단함을 거뜬히 감당해냈던 시절의 선배 모습을 떠올리니 가슴이 뭉클해진다. 그리도 바쁘게 생활하면서도 활동가와 현장 여성노동자들을 집으로 불러서 따뜻한 밥을 대접하고, 참으로 즐거워하던 선배 모습도 잊을 수가 없다.

둘째 아이를 낳고 일에 허덕거리던 상근자의 생일을 잊지 않고 사무실에서 한 냄비 가득 미역국을 끓여서 먹여 감동을 안겨주기도 했다. 사람에 대한 애정과 열정이 있었기에 그 모든 활동이 가능했던 시절…. 옥병 선배, 그 고단했던 시기를 함께해줘서 정말 고맙다. 2006년에 선배가 '올해의 여성운동상'을 수상한 걸 보면서 정말 내 일처럼 기쁘고 자랑스러웠다.

여성노동자회가 구로지역에서 보육과 학교급식의 사회적 책임을 촉구하는 운동을 활발하게 펼쳐나가던 시절, 옥병 선배는 구로지역 곳곳을 누비면서 '정류장 수만큼 탁아소를 설치'하고 '민간비영리 탁아소 운영비를 국가가 지원'하고 '정부 예산으로 학교급식을 실시'하라고 목이 터져라 외치고 다녔다. 시장 앞, 주택가 골목, 학교, 국회, 구의회, 시의회로 발바닥이 닳도록 분주하게 뛰어다녔다. 서울여성노동자회 회장을 하면서 초등학교 학교운영위원회에 참여하고 학부모회 회장 역할까지 하느라 참으로 눈코 뜰 새 없이 바쁘게 살았다. 그런 와중에도 학부모운동을 재미있게 해낼 수 있었던 비결은 여성노동자들의 의견을 수렴하고 대안을 토론하고 문제를 하나하나 해결해나가는 방식에 워낙 익숙했기 때문일 것이다.

구로지역 학부모운동에서 전국단위의 학교급식운동으로 지평을 넓혀가면서 여성지도자의 성장이 무엇인지를 여실히 보여준 옥병 선배. 그의 행보는 후배들에게 본보기가 되고 있다. 남성지도자에 비해서 여성지도자의 삶과 운동이 기록에 남겨진 게 상대적으로 적은 것이 현실이다. 그래서 선배의 삶과 운동에 관한 구술사료가 민주화운동기념사업회에 남은 것이 얼마나 다행인지 모른다.

요즘 젊은 '직장맘'을 보면 울컥할 때가 많다. 여성노동인권의 수준이 지속적으로 발전해 왔지만, 직장 일과 육아를 병행할 수 있는 사회적 여건과 직장 문화, 가정 내 가사의 분담 수준을 보면 여전히 미흡한 게 현실이다. 2019년도 수준이 이러할진대, 1980년대에 어린 자녀를 키우면서 사회운동에 참여했던 여성들의 고충이 얼마나 컸겠는가.

이 대목에서 결례를 무릅쓰고 배옥병, 송병춘 부부의 일화를 공개하고 싶다. 송 선배가 일주일에 두 번 아들을 영아놀이방에 맡기고 데리고 오는 일을 맡았다. 송 선배가 멜빵 포대기에 아이를 안고 가방 하나 둘러메고 버스를 타면 일제히 시선이 자신에게 쏟아졌다고 한다. 궁금증을 참지 못한 사람들이 "아기 엄마가 죽었냐"라고 물어본 적도 있는데, 송 선배가 아니라고 답하면 "아, 그럼 도망갔나 보네요"라고 했다고 한다. 남성이 아이를 안고 출퇴근하면 부인이 죽거나 집을 나간 것으로 여겨지던 시절, 활동가 부부가 육아의 공동 분담을 실천하기 얼마나 어려웠을지 상상해보라. 어느 날은 없는 살림에 택시를 탔는데, 택시기사가 똑같이 물었다고 한다.

또 어떤 분은 '요즘 송병춘 씨가 맨날 아기 업고 여기저기 다니느라 일을 제대로 못 한다는 소문이 돈다'라는 얘기를 전해 선배의 속을 뒤집어놓기도 했다. 민주적이고 평등한 사회 구조와 사회 문화를 만들기 위해 헌신했던 여성활동가는 가정에서도 평등한 부부관계를 유지하고, 육아와 가사를 분담하기 위해 토론과 실천을 끊임없이 해야만 했다. 나를 비롯한 후배들은 두 선배의 생생한 모습에서 보고 듣고 배웠다.

옥병 선배의 굵은 손가락 마디를 본다. 시대가 요구하는 그 어떤 일도 주저하지 않고 척척 해냈던 삶이 보인다. 20대에는 노동조합운동, 30대에는 여성노동자운동, 4~50대에는 학부모운동과 친환경 무상급식운동을 하면서 노동자를, 여성을, 아이들을, 학부모를, 농촌과 도시의 시민을 가슴에 품고 인권과 복지의 지평을 넓혀온 옥병 선배의 역정을 본다.

이제 도시와 농촌이 자원을 함께 나누고, 매일 숨 쉬며 들이쉬는 공기만큼 중요한 먹거리를 생산하는 농촌과 도시를 연결하고, 다양한 세대가 연결되는 대한민국을 만들어가기 위해 새로운 지평을 열어가는 옥병 선배. 시대가 부여한 소명을 기꺼이 완수하려는 옥병 선배에게 뜨거운 가슴으로 응원의 박수를 보낸다. 그 길에 함께할 거라고 약속하면서.

배옥병의 세상을 바꾸는 행복한 밥상

II

엄마의 이름으로 풀뿌리가 되다
행복한 밥상을 위하여

"지난 20년 동안 여성노동자들의 권익 향상에 힘써왔고, 학부모들을 조직화해 학교급식 개선에 앞장서는 등 '풀뿌리 주민운동'의 모델을 제시했다"

노동운동을 넘어 시민운동으로

나는 80년대 중후반부터 한국여성노동자회를 중심으로 여성노동자들의 조직 활동을 지원하기 시작했다. 현장출신 여성 노동운동가로서 여성 노동자들의 고충을 잘 알고 있었기에 도움이 될 거라고 생각했다.

한국여성노동자회에서 조직부장, 부회장, 회장을 지내며 1997년까지 현장을 지원하며 운동하는 것이 나 자신에게도 뜻 깊은 일이며 행복이었다. 이에 못지않게 나는 아이를 낳아 키우는 행복에도 푹 젖어 있었다. '만약 노동에 대해 몰랐다면, 노동자로서의 자각이 부족했던 나는 어떤 삶을 살아가고 있을까' 하고 간간이 생각해볼 때가 있다. 우리가 제대로 훈련되지 못하고 교육받지 못한다면 자신의 삶을 자주적이고 창조적으로 이끌 수 없을 것이다.

나는 1970년대 노동운동이 상당히 자주적이고 창의적이며 사람 중심의 운동이었다고 평가한다. 우리의 생명력은 대중과 함께하면서 얻고, 그 힘에 의해 가능성을 발굴해 올바른 가치를 가지고 이뤄가는 것이라고 생각한다. 나는 이것만이, 이 가능성만이 대중으로부터 지지를 받는 힘이라고 여긴다.

여성운동과 더불어 학부모회 활동을 병행하면서 교육문제의 보편적 의미와 가치를 중요하게 인식하게 되었고, 결국 대중운동가로서의 본능적인 직관에 의지하여 1990년대부터는 학부모 운동에 더 깊숙이 참여하였다. 나는 지금 소속된 곳에서 올바른 가치관을 계속 유지해나가면서 사회를 변화시키는 일에 참여하는 것이 늘 자신의 길이라고 생각하며 살아왔다. 생활 속의 운동을 일상화시키는 것이 이 사회를 건강하게 유지하는 밑거름이라 생각한다.

민주적인 노동조합 활동이란 인간적인 끈끈한 애정과 결합하는 일이다. 이념만이 운동을 끌고 가는 것은 아니다. 조합원들의 아픔이나 고통, 갈등을 통해 서로를 알아가며 어려운 문제를 함께 풀어가는 것이라고 생각했다. 그 생각은 여전히 변하지 않았다. 우리를 단단하게 조여 주는 것은 서로에 대한 끝없는 애정이다. 그것이 우리에게 남는 유일한 자산이라고 생각한다. 결국 모든 건 사람의 일이 아니던가.

1990년대 학부모가 되면서 학부모들의 임의조직인 학부모회와 학교운영위원회 활동에 학부모들과 적극적으로 참여하게 되었다. 학교운영위원회는 각 학교의 운영 전반을 심의·자문하는 법적 기구다. 1,700명의 학부모 의견을 매월 학년별 모임을 통해 수렴하고 반영하며 학부모들의 자주적 모임으로 성장시켜갔다. 학부모운동은 주권자와 시민의 역할을 해낼 수 있는 복합적인 운동이다.

시민과 함께 풀뿌리 민주주의를 꿈꾸다

학교운영위원회는 1995년 시범적으로 실시되었다. 2000년도에 사립학교까지 학교운영위원회(이하, 학운위) 설치가 법적으로 의무화되었다. 초기 학운위는 과거 학교 육성회처럼 보였다. '치맛바람 거센 엄마들의 모임'으로 호도되기도 했고, 학교에 찬조금을 내야 하는 건 아닌지, 아이가 학교에서 우수해야 자격이 주어지는 건 아닌지, 많은 오해가 있었다. 따라서 많은 학부모들이 참여를 망설였다. 학운위는 초·중등교육법상 의무적으로 설치하는 학교 내 의사결정기관이다. 따라서 찬조금을 내거나 부당한 돈을 걷어서는 안 된다. 학교의 운영사항 전반에 걸쳐 심의하고 자문할 수 있다. 학교는 폐쇄적인 특성을 가진다. 보호라는 명분이 좋은 핑계가 된다. 학운위는 이런 폐쇄적인 학교문화를 탈피하고 교육공무원과 교사들에게만 운영권을 주는 것이 아닌, 학생의 인권을 보장하고 학교의 민주주의를 실현하기 위해 만든 기구다. 이후 2013년에는 학운위 외에 학부모회도 만들어졌다. 경기도를 시작으로 학교 학부모회 조례가 제정되어 지역과 학부모의 운영 참여율을 높이고 있다.

내가 속했던 학교의 학부모들과 함께 아이들이 더 행복한 학교를 만들기 위해 머리를 모았다. 학부모의 힘이 모인다면 조금 더 잘할 수 있는 일들이었다. 대표적으로 교복 공동구매 운동과 급식모니터링, 도서관 활성화, 학교 통학로 안전문제를 지역사회와 함께 해결해나갔다.

교복 공동구매 운동은 2001년부터 전국적으로 이슈화되었다. 수십만 원에 이르는 브랜드 교복이 판을 치기 시작했다. 2000년대에 들어서면서 대기업이 교복사업에 본격적으로 뛰어들었다. 당시의 교복값은 성인들의 정장 한 벌 가격을 웃돌았다. 우선 우리 학교에서부터 공동구매로 가격을 낮출 수 없나 살펴봤다. 우리 학교와 주변에 있는 학교들이 연대해 서울남부지역학교운영위원회발전협의회가 만들어졌다. 우리가 주장했던 교복 공동구매가 필요한 일곱 가지 이유는 다음과 같다.

하나, 교복값 거품 제거로 학부모의 경제적 부담을 반으로 줄일 수 있습니다.
둘, 투명하고 공개적인 절차에 따라 입찰을 실시하고, 계약을 체결하므로 교복의 품질과 하자 보수가 확실하여 학부모와 학생의 만족도를 높입니다.
셋, 민주적 학교운영의 모범이 되며 학교 위상을 올리고, 학교에 대한 학부모의 신뢰를 높여 학교공동체를 강화합니다.
넷, 학교운영위원회 활성화의 중요한 계기가 됩니다.
다섯, 교복 개별구매로 인한 학부모들의 시간과 노력을 줄여줍니다.
여섯, 교복의 메이커와 비 메이커 착용으로 생긴 학생들 사이의

위화감을 없애는 교육적 효과가 있습니다.
일곱. *학생들에게는 소비자 권리와 합리적 소비가 무엇인지 알리는 산 교육이 됩니다.*

  2001년에는 교복공동구매전국네트워크가 지침을 만들어 본격적으로 공동구매를 전파했다. 교복공동구매전국네트워크는 교복의 품질을 보고 원단을 확인하여 지역 업체들에 입찰에 임하도록 권고했다. 이렇게 해서 적정한 가격을 제시한 업체와 협의하며 아이들의 교복을 공동으로 구매했다. 결정적으로 단가를 낮출 수 있었고 공동구매 운동에 놀란 대기업들은 교복값을 인상하는 것을 중단하기도 했다. 실질적으로 1개 학교에서 수천만 원의 교복구매비가 줄어들었고 전국네트워크가 활발하게 움직이면서 학운위의 방향을 제시하는 역할을 했다.

  당시 서울에서는 서울YMCA, 서초강남교육시민모임, 전국교직원노동조합 서울지부, 참교육을위전국학부모회 그리고 내가 상임대표로 있던 서울남부지역학교운영위원회발전협의회가 연대했다. 부산, 대구, 대전, 인천, 광주, 경기, 충남, 강원, 경남, 경북, 전남에 각 지부가 있었다.

  학부모운동은 급식과 교복 모두 소위원회를 두어 각 사안별 효율성을 높이는 것을 실천과제로 삼았다. 내가 속한 학교의 경우 도서실에 읽을 책이 별로 없었고 늘 문이 굳게 닫혀 있었다. 이에 학부모회 사업으로 도서실 활성화 사업을 시작했다. 가정통

신문을 보내 각 가정의 다 읽은 책을 모으고 학년별 필요 도서를 교사와 아이들에게 조사하여 학부모들의 자발적 모금으로 2만여 권의 다양한 도서가 비치된 멋진 도서실을 만들었다. 학부모들은 2인 1조로 도서실 봉사활동을 시작했다. 특히 전산화작업에 참여해 도서관의 효율을 높이고 아이들이 더 편하게 책을 찾고 전담 교사들도 업무를 수월하게 볼 수 있도록 바꿔나갔다. 방학 중에도 학부모들이 자원봉사를 했고 하루에 300명씩 도서관을 이용하게 되었다. 학부모들은 기쁜 마음을 갖고 자발적으로 참여했다. 학교 졸업앨범도 마찬가지였다. 학운위의 엄정한 감사를 통해 적정한 가격에 양질의 졸업앨범을 구입할 수 있었다.

학교 통학로 안전문제도 있었다. 1998년 학교 앞에 곡면 도로가 생길 예정이고 그 도로가 산업도로로 바로 연결된다는 소식을 들었다. 알고 보니 1975년의 구로구청 설계를 그대로 현실화한다는 것이었다. 이미 그 도로에서 여덟 명의 아이들이 등하굣길에 사고를 당했고 그중 4건은 무려 뺑소니였다. 우리는 당시 고건 서울시장을 만나 안전한 통학로 보장을 요구하였으나 거절당했다. 서울시는 중립적 입장을 취했다. '구로초등학교 통학로 교통안전 확보를 위한 대책위원회'는 시민토론회를 개최하고 2,000개의 건의서를 지역주민과 학부모들로부터 받아 6차선 도로 개설 취소와 지하차도 건설 요청서를 서울시에 제출했다.

내가 학부모운동을 시작한 지 20여 년이 지났다. 많은 조직의 상임대표를 맡았고 대책위위원장도 도맡았다. 2005년 여성신문 인터뷰에서도 밝힌 바 있지만 나 역시 학부모운동이 쉽지 않았다. 노동운동으로 다져진 나도, 아이에게 피해가 가는 것을 목도하면서 마음이 무너졌다. 처음에는 구로초등학교 예절교실 어머니회로 시작했다. 내가 움직이기 시작하자 어디서 알았는지, 인터넷 검색도 수월치 않던 시절인데 학교측에서는 "빨갱이다", "저 사람과 어울리면 감옥을 면치 못할 것", "학교의 평화를 깨고 분란을 일으키는 사람"이라는 소문을 퍼뜨렸다. 학운위 학부모 대표로 출마했을 때는 학교 전체가 '내 아이 죽이기'에 들어간 듯 아이를 볼모로 나를 겁박했다. 아이가 볼모가 되면 학부모는 학교에서 무한한 약자가 된다. 그럼에도 불구하고 학운위를 계속할 수 있었던 건 동료인 학부모들의 지지를 비롯해 교사들의 지지 덕분이었다. 교사들도 민주적 교실에 대한 열망이 컸다.

학부모회와 운영위 활동을 거치며 많은 학부모들이 학교 운영에 적극적으로 협조하고 참여하게 되었다. 자치적 활동을 해낼 수 있게 되면서 학교활동이 즐겁다고 말했다. 학부모들이 학교에 자주 드나드는 것이 불편할 수 있겠지만 대화와 소통이 우선되면 학교도 훨씬 많은 혜택을 누릴 수 있고 지역사회의 협조를 얻어내기 쉬워진다.

당시 나와 활동했던 학부모들은 '내 아이 이기주의'를 극복하며 많이 성장했다. 권위적이고 보수적이며 폐쇄적이던 집단에 민주적 의사결정을 펼치는 계기였다고 생각한다. 학교 통학로 문제로 구청 직원들과 논쟁할 때 실제로 구청공무원이 아줌마들이 뭘 아느냐고 윽박지른 적 있다. 그때 학부모 중의 한 명이 이런 말을 했다. "우리같이 솥뚜껑 운전하는 아줌마들도 아는 일을 왜 전문가라는 당신들이 몰라요?"

학부모회와 학운위 활동을 하면서, 모두를 위한 공익적 일이라는 공감대가 형성되면 학부모들이 함께 의견을 모아 자발적으로 참여하곤 했다. 학교자치, 지역자치의 원동력을 발전시켜가는 성과를 체험한 것이다.

밥상 앞에 만인은 평등한가?

내게 운동이란 생명의 선순환 구조를 만드는 일이다. 먹는 문제는 가장 기본적인 권리이며 삶의 가장 중요한 요소이다. 굶는 사람이 없는 세상, 누구나 안전한 먹거리를 만날 수 있다면 더 바랄 것이 없겠다는 결심이 섰다.

학부모는 오랫동안 비난과 혐오의 대상이 되는 집단이었다. '부모는 멀리 보라 하고 학부모는 앞만 보라 한다, 부모는 함께 가라 하고 학부모는 앞서가라 한다, 부모는 꿈을 꾸라 하고 학부모는 꿈꿀 시간을 주지 않는다'라는 공익광고까지 있었다. 부모가 학부모로 살아야 하는 이유는 해결되지 않는 숙제, 입시제도 때문일 것이며, 더 나아가 소득 불평등의 원인 때문일 것이다. 하지만 다수의 사람들이 싸잡아 비난하던 학부모도 현장으로 들어가면 모두 부모였다. 나의 아이와 너의 아이가 함께 행복하길 바라는 마음이 있었다. 학운위 활동을 통해 학교 민주화를 추구하면서 학부모들의 욕구를 살필 수 있었다. 오늘의 내가 있기까지, 내 인생에 가장 긴 시간을 바친 것은 바로 급식과 먹거리운동이다.

한국의 급식은 조선 초기 성균관에서부터 시작되었다고 한다. 일제 강점기에도 급식은 있었다. 기부를 받아 결식아동을 먹이기도 했는데 돈이 떨어졌다고 1년 만에 중단했다고 한다.

학교급식은 '성장발육기 아동들에게 심신발달에 필요한 영양공급과 합리적인 식생활에 관한 지식 및 올바른 식생활 습관을 형성하기 위해 학교에서 일정한 지도목표를 설정하여 계획적으로 실시하는 집단급식'으로 정의할 수 있다. '밥때'가 되니 '한 끼'를 제공한다는 의미를 뛰어넘는 교육차원의 국가정책이다.

학교급식이 시작되기 전 '학교에서 먹는 점심'은 도시락이었다. 꽁보리밥이나 주먹밥을 꽁꽁 싼 1950~1960년대의 도시락 보자기에서 시작해, 1960년대의 무밥과 시래기밥, 1970년대의 숟가락이 달그락거리던 양은도시락, 1980년대의 보온도시락은 그 시절 학창시절을 보냈던 사람들의 아련한 추억이다. 도시락

1997년 1월 10일, 안기부법·노동법 철폐 시위

1999년 12월 3일, 구로초등학교 앞 신도로 건설에 대한 시민토론회

을 싸 올 형편이 못 돼 식수대에서 물로 배를 채우거나, 반찬이 변변치 않아 도시락 뚜껑으로 가리고 허겁지겁 먹던 기억은 도시락 세대의 아픈 기억의 하나이다. 그나마 다행이라면 대부분 어려운 살림살이라 도시락 형편이 다들 비슷했고 너나없이 나눠 먹는 것이 위안이라면 위안이었다.

우리나라의 학교급식은 가난한 시절의 아픈 이야기로 시작한다. 해외에서의 원조가 급식의 첫걸음이었다. 광복을 맞은 1945년부터 해외에서 원조를 받는데, 한국전쟁이 끝나는 1953년까지는 긴급구호 원조, 1953년 이후부터는 개발원조를 받는다. 당시에 유니세프(UNICEF) 등 세계 구호 단체가 지원하는 양곡 등으로 아이들을 위한 구호급식이 시작되었다. 구호급식은 전지분유, 옥수수가루, 밀가루, 탈지분유 등을 죽이나 빵으로 만들어 초등학교 전 학년을 대상으로 무상으로 배급했다. 한국전쟁으로 피폐해진 최빈국 중의 하나였지만 구호식량 원조 덕에 학교급식이 시작돼 1972년까지 20여 년간 지속되었다.

1970년에는 초등학교에 '26원에 140g의 빵과 180ml의 우유'를 주는 유료급식도 있었다. 도시락에 빵과 우유가 곁들여진 것이다. 하지만 별도의 돈을 내는 우유급식은 가난한 집 아이와 그렇지 않은 집 아이를 나누기도 했다. 1974년 문교부와 체육부가 같이 만든 1975년도 학교급식시행지침을 보면 학교급식과 영양급식을 통해 식생활 교육·개선에 공헌하고, 성장기 아동의 건강증진과 발육보건에 이바지하여 의무교육에 기여하며, 자립급식의 방안을 모색하고 정부양곡정책을 이행한다고 되어있다. 요컨대, 70년대는 군부독재정권이었지만 의무교육기관에 다니는 아이들의 밥은 국가가 책임질 필요가 있다는 것을 인지한 것으로 볼 수 있다.

1977년에는 전체 초등학생의 23%가 학교급식을 받았는데 그 해 9월 학교급식을 먹은 서울 시내 초등학교 아동 7,862명이 집단 식중독에 걸렸다. 크림빵을 먹은 아이들이었다. 크림빵은 이틀 전에 만들었고 여기서 포도상구균이 검출되었다. 사고는 그저 앓고 넘어간 데서 그치지 않고 아이 한 명이 죽기에 이르렀다. 쇼크였다. 국가는 급식을 전면 중지하게 됐다.

1980년에도 법제처에서 학교급식법(안)을 만들어 국무회의에 제출한 적이 있다. 모든 학교에 무상급식을 지원한다는 것은 아니었으나, 80년대 복지국가 건설에 발맞추어 학교급식의 기본방향을 정한다는 의도가 적혀 있으며, 초등학교와 근로청소년을 위한 특별학급, 산업체 부설학교 등에 '학교급식법'을 적용한다는 제안이 있다. 2010년에 들어서야 전 국민이 학교급식문제에 나서게 되었으나 사실 학교급식은 서슬 퍼런 군부독재정권에서도 시도되었고 당시의 정부관계자들도 그 필요성을 인지하고 있었다는 말이다.

1981년에는 학교급식 시행령이 생겼지만 사실 급식을 실시하는 학교는 많지 않았다. 그러나 일부 학교에서 공동급식을 시작했고, 학교급식을 전담하는 영양사의 직급도 보건직 공무원으로 전환되었다. 1982년도에는 시범 급식학교가 일반 급식학교로 변경되었다. 1990년 체육부에서 교육부로 주무부처도 이관되었다. 하지만 급식을 시행하는 학교는 일부였다. 그해 1월 29일 '학생 심신의 건전한 발달을 도모하고 국민식생활에 기여함'을 목적으로 학교급식법이 시행된다. 1990년부터는 쌀 소비를 위해 농림부가 질이 낮은 '정부미'를 절반의 가격으로 학교급식에 공급하면서 다시 활성화되는 계기를 맞았다.

  지금의 4~50대들은 대부분 도시락을 싸 가지고 학교에 다녔다. 저녁 자율학습까지 하던 세대들은 도시락을 두세 개씩 싸 가지고 다니는 게 일반적이었으며 점심시간마다 다른 친구의 반찬을 보며 부러워하거나 부끄러워하는 에피소드는 여러 대중문화에 녹아있다.
  부잣집 아이의 반찬과 가난한 집 아이의 반찬은 다를 수밖에 없었다. 입성으로 티가 나지 않아도 도시락 뚜껑을 여는 순간 가정의 경제적 상황이 교실에 고스란히 드러나는 것이었다. 부모가 아이를 얼마나 살뜰히 챙기는지 여부도 드러났는데 노동에 찌들어있는 부모입장에서 몇 명씩 되는 아이들의 도시락을 챙기는 일은 곤욕이었을 것이다.

  어떤 사람들은 학급 내 임원을 하는 경우 학교 행사 때마다 교사의 도시락을 챙기는 것도 큰 부담이었다고 고백한다. 학급 임원의 학부모는 찬합으로 몇 개씩 고사들의 도시락을 싸서 소풍을 따라가는 게 보편적이었다.

급식은 단순히 공동식사의 의미를 넘어선다.

도시락으로 인해 교실 안에서 계속해서 차별과 분리가 일어났다. 공동급식은 이 차별을 완화하는 방법 중의 하나다. 본인이 선택하지 않은 조건에 의해 차별받고 노력해도 이룰 수 없는 한계가 있다. 이런 일을 교실 안에서 해결할 수 있는 것은 밥이었다.

먹거리의 사회적 의의

70년대 산업화에 집중한 국가정책 탓에 80년대 농촌은 더욱 황폐해졌다. 농촌의 인구가 고령화된 것은 사실 80년대부터였다. 전원일기라는 드라마가 공전의 히트를 기록한 것은 농촌이 인기가 있어서가 아니라 오히려 그 반대였기 때문일 것이다. 소농들이 사라지고 대량생산, 기계화 농업이 시작되면서 종자가 사라지기 시작했다. 농촌을 살리고 건강을 위한 먹거리를 지키자는 움직임이 시민사회단체를 중심으로 퍼져나갔다. 지금 생협이 처음 시작된 것은 1976년 '정농회'부터였다. 1970년대 농약 없이 농사를 지어야 한다는 선각자들이 있었고 1986년 '한살림'이 서울 제기동에 첫 매장을 열면서 생협의 시대가 본격적으로 열렸다.

먹거리운동의 역사를 간단하게 살펴본다면 1988년 한살림이 공동체소비자협동조합을 설립하고 1989년 한국여성민우회 생협이 설립된다. 1991년에는 우리말살리기운동본부가 설립되었다. 우리 농산물, 신토불이, 토종 음식물에 대한 관심이 점점 무르익을 때였다. 1990년대부터 농산물과 식품은 먹거리를 넘어선 상품이 되었다. 해외에서 들어오는 수입농산물이 판을 치기 시작했고 유전자조작작물(GMO)이 등장했다. 1997년부터 해외에서는 유전자조작작물에 대한 문제가 제기되었지간 한국에서는 크게 이슈가 되지 못했다. 하지만 시민사회단체들이 생명공학을 이용한 유전자조작 농산물 생산과 수입에 대한 문제를 우려하며 토론회를 개최하고 생명안전윤리연대모임을 만드는 등 전국적인 움직임이 시작되었다. 1998년 실제로 미국산 유전자조작 콩이 인천항에 들어오면서 수입농산물이 식탁을 위협하기 시작했다.

한편으로는 1997년 IMF에 구제금융을 요청할 정도의 국가부도사태가 일어났다. 결식아동이 급증했다. 어제 회사로 출근하던 직장인이 다음 날 서울역의 노숙자가 되던 시절이다. 각 지역에서 국가복지의 빈 곳을 채우던 사람들은 빈곤가정의 아동결식 문제를 공론화했다. 아동뿐 아니라 성인까지도 밥을 굶는 이가 허다하던 시절이다.

먹거리 문제에는 수입농산물의 공격적인 진입, 우리 농촌·우리 농사의 척박함, 빈곤계층의 결식문제, 토종 종자를 지키는 문제, 윤리적이고 건강한 농산물을 키우고 공급하는 일 등 크고 작은 이슈들이 전방위에 걸쳐 산재해있었다. 국민은 먹거리문제가 바로 내 밥상 위의 전쟁 같은 일이라는 것을 자각하기 시작했다. 수입농산물이나 농약을 써서 대규모로 키운 농산물의 경우 각 가정에서 형편껏 선택할 수 있는 문제다. 시민들이 스스로 배우고 식품 선택에 대한 기준을 스스로 높이면 될 일이지만, 학교급식은 그렇지 않다. 주는 대로 먹어야 하는 것이다.

96년경부터 급식을 실시하는 학교가 늘어나기 시작했다. 원칙적으로는 급식실을 갖추고 시작해야 하지만 그렇지 않은 곳도 많았다. 급식체계를 제대로 갖추지 않은 상태에서 시작했고 사회적 합의가 이루어지지 않았으니 형편이 되는 대로 시작한 곳이 많았다. 맞벌이 부부가 늘어나고 결식아동이 증가하는 시점이기도 했다. 학교는 아이들의 교육과 보육을 같이 책임지는 면이 있다. 이 시기 급식은 일단 급한 불을 끄고 보자는 형태였다. 학교 관리자의 권한에 따라 급식이 정해졌는데 당시의 사회적 분위기는 학교 안에서 급식체계를 관리·감독할 수 있는 역량도 부족했고 논의도 충분치 않았다. 대기업이 농산물을 비롯한 식품사업에 뛰어들기 시작했고 자본은 적당한 사업을 만난 것이다. 조미료나 식품을 만들던 회사들이 외식사업부를 만들어 학교급식 시장에 뛰어들었다. *1993년부터 시행된 초등학교급식은 1998년에 전국 5,700여 개 초등학교로 전면 확대되었다. 중학교의 경우는 1999년에는 30.3%의 학교에서 실시되었으나 2000년대 이후 연차적으로 확대되었다. 고등학교는 1998년부터 시작되었는데 2002년까지 점차 확대되고 있었다. 이제 학교급식을 실시하는 일이 늘어나니 각 학교마다 '다른 학교가 급식을 하니 우리 학교도 안 할 수 없는' 분위기가 되었고 2003년에 들어서 초중고등학교의 학교급식이 전면 실시되었다.

하지만 학교급식이 실시되는 과정에서 양적인 확대에 매달리다 보니 급식의 질과 안전성에 대한 고민은 늘 뒷전이었다. 대표적인 것이 위탁급식의 도입이다. 위탁급식 제도는 1996년 학교급식법 개정안이 국회를 통과하면서 도입되었다. 학교급식 전면실시에 이르자 급식설비에 필요한 재정의 부족이 큰 고민이었고 당시 식품관련 업계의 내수시장 확보라는 전략과 맞물려 위탁급식이 급속히 확산되었다.

위탁급식은 급식시설의 설치부터 식단, 조리, 배식 등 모든 과정을 민간업자에게 위탁하여 실시하는 것을 말한다. 위탁급식 도입으로 정부의 예산 투입 없이 학교급식이 급격히 확대되었지만, 위탁업체의 과도한 영리추구로 급식의 질과 위생에 많은 문제가 나타났다. 매년 대형 식중독 사고를 일으킬 정도로 위생관리가 철저하지 못했고, 식재료도 대부분 값싼 수입산 농수산물을 사용하였다. 예산이 충분치 않아 학생 100명당 조리원이 1

*국가기록원

명 있어야 하나 그렇지 못했다. 그래서 학부모들이 자원봉사의 이름으로 조리과정에 동원되기도 하였다. 한 예로 1997년 서울의 한 초등학교의 경우 하루 6명 정도의 학부모가 학교 급식실로 조리를 하러 가야 했다. 조리원으로 일할 경우 반드시 건강진단을 받아야 하는 등의 법적 자격요건이 있지만 그런 절차도 없이 연간 1천백여 명이 돌아가면서 조리원 일을 한 것이다.

학교급식운동의 시작

학교급식에서 집단 식중독 사태가 심심찮게 발생하고 있었다. 그러나 언론에서 그 순간만 반짝 관심을 가질 뿐, 총체적으로 문제를 진단하고 해결책을 제시하여 이를 해결하려는 제도적인 노력은 거의 없었다. 1997년도 대선 공약 중에 급식 시행이 포함되어 있었지만, 이를 시행하는 과정에서 예산확보가 제대로 되지 않아 일부 급식이 사기업에 의해 운영되었다.

2000년부터 학교급식 개선에 대한 학부모와 교사들의 자발적인 움직임이 산발적으로 있었다. 2001년, 미국은 학교급식에 자국산 농산물 사용을 의무화한다는 내용이 언론에 소개되면서 학교급식 개선을 요구하는 국내 여론이 불거지기 시작했다. 2001년 9월에는 학교급식과 관련해 시민사회단체연대회의에서 학교급식법을 개정하자는 움직임이 일어났다.

나는 1995년 학부모운동을 시작할 때부터 학교급식에 대한 문제 제기를 계속해왔다. 당시 내가 활동했던 학교는 급식을 일찍 시작했다. 깍두기에서 벌레가 나왔다고 해서 보면 파리 유충이었고, 국에서 바퀴벌레나 쇳조각이 나오는 경우도 있었다. 학부모활동을 하면서 학교급식 모니터링을 시작했다. 비록 위탁운영이지만 학부모들이 모니터링을 실시하자 업체도 긴장하기 시작했다. 급식소 바닥에 락스를 뿌려 청소를 하고 수입농산물을 사용했다. 양을 제대로 맞추지 못해 너무 많이 지은 밥을 50ℓ 쓰레기봉투에 그냥 담아 버리는 장면까지 목격했다.

1998년 전국적으로 초등학교에 급식이 전면 실시될 때부터 우리 학교는 학부모가 급식 식재료 모니터링을 실시했다. 모니터링을 해봐도 이게 1개 학교에서 해결할 수 있는 문제가 아니었다. 위탁급식의 한계가 있었고 그들이 가져오는 식재료에 강제성을 부여할 수 없었다. 그렇다면 이건 우리뿐만 아니라 다른 데도 마찬가지 문제가 있을 거였다. 2002년 11월, 학부모와 생산자, 교사와 전문가들이 모여 학교급식전국네트워크를 설립했다.

학교급식전국네트워크의 출발

학교급식전국네트워크는 학부모, 교사, 영양사를 비롯해 친환경적으로 농사를 짓는 농부들도 참여하였다. 생산부터 유통과 소비까지 모두 사회적 책임이라는 것을 강조한 것이다. 모두 학교급식의 질적 향상이 이루어져야 함에 공감하고 있었고, 이를 변화시킬 네트워크가 필요했다. 그래서 처음에는 어느 학교가 잘하고 있다, 혹은 어느 학교에 어떤 문제가 있다 등의 정보교류를 하는 정도였는데, 후에는 이에 대한 법적 대응이 필요하다고 느껴 집단적인 움직임을 시작했다. 조례제정과 국회에서의 입법 및 법률 개정이 당면 목표였다.

당시 초등학교는 100%가 직영으로 운영되고 있었고, 전국적으로는 80%가 학교 직영으로 운영되고 있었다. 그러나 서울의 경우, 중학교는 100%, 고등학교는 98%가 위탁급식으로 운영되고 있는 실정이었다. 식중독 사건이 몇 번에 걸쳐서 일어났는데, 주로 위탁급식 학교에서 이런 일이 발생했다. 위탁급식이 많은 서울지역에서 집중적으로 식중독 사건이 발생했다.

위탁은 기업이 학교에서 학생들을 상대로 장사하는 것과 마찬가지였다. 급식의 목표가 교육과는 상관없이 이윤추구가 되고 있었다. 이에 비해 직영은 교육청의 감독하에 학교 책임으로 운영하는 것이기 때문에, 이윤이 개입할 여지가 없었다.

또한, 저가·저질의 음식재료를 사용하고, 상당 부분을 수입산으로 사용하고 있었다. 아이들이 이런 것들을 선호하기 때문이라지만 싸고 편한 인스턴트 음식을 자주 식단에 올리고, 때론 유효기간이 임박한 식품 혹은 날짜가 변경된 것들도 사용했다. 또한 비용을 절감하기 위해서 영양사나 조리사도 보통 임시직이나 일용직을 고용하였다. 일자리가 안정적이지 않은 데다 원래 조리사 1명당 100명의 아이들을 책임져야 하는데, 서울의 경우는 조리사 1명당 300명의 아이들을 책임지고 있었다. 당연히 짧은 시간에 많은 양을 만들 수 있는 튀김류의 패스트푸드를 선호하게 되는 것이다. 조리사나 영양사의 노동 조건이 안 좋으니 사고도 많이 나고, 음식도 위생상으로나 영양상으로 많은 문제가 생길 수밖에 없었다. 또한 종종 위탁업체와 학교측 간의 비리가 발생해 급식의 본래 목적은 사라지고, 더욱 음식의 질을 떨어뜨리는 결과를 낳았다.

 급식 문제로 국회의원들과 이야기를 나누다 보면 국회 안의 식당이 위탁운영인데 아주 좋다고 말했다. 그 문제는 차원이 다른 것이었다. 어른들은 그 식당이 맘에 안 들면 안 가면 그만이다. 하지만 아이들은 그렇지가 않았다. 학교의 아이들은 선택의 여지가 없다. 무조건 돈을 내고 그 음식만을 먹어야 하는 것이다.

 급식은 편식을 막고, 다양한 식단을 접할 수 있는 기회가 되기도 할 뿐만 아니라, 특히 우리 농산물을 이용할 경우 영양가도 있고 농가 회생까지 추구할 수 있다.
 하루 한 끼의 점심을 청소년 세대에게 맞는 식단으로 국가가 제공하는 게 중요했다. 이윤 추구를 목적으로 하는 기업은 이런 양질의 식사를 제공하기가 어렵기 때문이다. 일본, 미국 등의 경우나 우리나라의 제주 아라중학교에서는 학교 주변 농토에서 아이와 학부모가 직접 농산물을 재배해서 급식 식재료로 활용한다. 이런 경우 안전한 식재료를 얻을 수 있을 뿐만 아니라 체험학습의 효과까지 낼 수 있다.

학교급식법 개정관련 운동

2001년부터 열악한 급식환경을 개선하기 위해서는 학교급식법을 개정해야 한다는 인식이 사회적으로 확산되기 시작했다. 학부모 단체와 농민 단체가 중심이 되어 '학교급식에서 국가나 지방자치단체의 역할을 강화하고 안전한 국산 식재료를 사용하며 국내의 식량 수급 안정을 가져올 수 있는 방향으로 학교급식법이 개정돼야 한다'라는 주장과 함께 학교급식법 개정을 위한 입법청원운동 길거리 서명운동이 시작되었다.

서울 J 초등학교 4학년 교실, 조리실에서 날아온 밥은 묵은 쌀을 사용해서인지 냄새가 나고 찰기가 없어 아이들은 별로 구미가 당기지 않는 모습이었다. 이날 반찬으로 나온 쇠고기 요리를 씹다가 아이들은 질기다며 곧 뱉어버렸다. 상당수 아이들은 밥과 반찬을 남겼지만 담임선생님은 아무 지적도 하지 않았다. 아이들은 급식 초기에는 선생님들이 음식을 남기지 않게 급식지도를 했으나 음식을 남기는 아이들이 많아지면서 지금은 야단치지 않는다고 말했다.
- 〈국민일보〉(2002년 11월 1일자)

식재료 공급업체와 학교 관계자 간의 유착비리도 비일비재했다. 급식비를 못 낸 점심을 굶는 아이들은 여전히 후미진 교정을 서성이고 있었다. 학생들과 학부모들의 학교급식 만족도도 땅에 떨어져 있었다.

2002년 11월 '학교급식전국네트워크(이하, 학급넷)' 창립과 동시에 학교급식법 개정안 공청회를 열었다. 문제를 제기하고 학교현장에서 모니터링을 해봐야 큰 영향을 끼칠 수 없다는 것을 깨달았다. 전국적으로 같이 연대해 동시다발적인 운동을 해 나가야 했다.

가장 중요한 것은 정책반영이었다. 90년대부터 불거진 각종 소비자 운동을 보면 제공자측인 기업체와 선량한 MOU나 공식적 협약을 맺고 악수하는 사진 찍어봤자 몇 년 지나 슬금슬금 유야무야되었다. 패스트푸드점의 1회용품 덜 쓰기 같은 것도 그런 일이었다. 공급자가 윤리와 도덕을 지켜 사회적 공익을 실현하는 데 일조하게 하려면 정책과 법제화, 강제성이 필요했다. 학급넷은 대통령의 공약으로 학교급식법을 개정해 급식을 통한 올바른 교육과 복지가 이루어지길 바랐다.

학교급식전국네트워크는 준비위원회 때부터 '전교조 서울지부'와 '7명의 서울시 교육위원'과 연대해 '학교급식법개정과조례제정을위한시민사회단체연대회의(이하, 연대회의)'를 출범시켰다. 이 연대회의는 1년 후 2003년 11월에 '학교급식법개정과조례제정을위한국민운동본부(이하, 국본)'로 발전했다. 2003년 울산, 강원, 전북을 제외한 13개 지역운동본부와 전교조, 참교육학부모회, 학교급식전국네트워크, 전국농민회총연맹, 민주노동당, 한살림, 생협연합회, 농협노조 등의 단체대표들이 국본에 참가했다. 전국조직이 탄생한 것이다.

전국적 연대와 각계의 호응

그동안 학교급식 운영을 개선하려는 노력은 각 단위학교별로 산발적으로 이어졌다. 하지만 농업계를 포함해 급식에 관련된 여러 단체들이 이 문제를 공론화한 것은 '먹는 것'이 상당히 복잡한 구조로 이루어져 있기 때문이다. 밥상에 오르는 음식들은 누군가가 길러내는 것들이다. 이 기르는 과정 또한 종자부터 경작과 추수까지 여러 단계를 거친다. '씨앗이 어디에서 오는가'부터 경작 중에 병충해는 어떻게 막아내는지, 농약을 얼마나 쓰는지, 거둔 다음엔 어딘가에 저장하는데 저장은 어떻게 하는지, 자연스럽게 저장이 가능한지, 화학적 물질을 살포하는지 등등 모두 다르다. 저장 후 식재료가 이동하는 과정도 그렇다. 해외에서 들어오는 식품들은 수개월에 걸쳐 오기도 하고 신선도를 유지하기 위해 냉동을 시키기도 한다. 냉동제품이 해동하는 과정에서 위험도가 증가하기도 한다. 식재료가 조리장소에 도착하면 사람이 도구를 사용해 조리한다. 도구는 어떤 것을 쓰는지, 조리장소부터 도구까지 어떤 위생상태에 있는지, 도구를 사용하는 사람들의 건강상태는 어떤지 등도 완성된 음식에 영향을 끼친다. 다 만든 음식이 배급되는 과정에서도 누구의 손을 거치는지, 어떤 환경에서 먹는지 등이 건강에 영향을 끼칠 수밖에 없다.

　게다가 학교급식은 성인과 달리 학생들의 영양과 발육에 도움이 될 수 있도록 균형 잡힌 식단으로 구성해야 한다. 아이들의 입맛과 기호에도 맞추면서 영양을 동시에 고려해야 하고 수백 명에서 수천 명에 이르는 아이들의 식사를 시간에 맞춰 만들어내야 한다.

　아이들은 개인의 기호를 반영하지 못하고 주는 대로 먹어야 하는 단순한 식단에서 벗어날 수 없다. 본인의 입맛에 따라 메뉴를 고르게 된다면 다양성을 존중할 수 있으나 식품관리의 한계와 편식 등을 생각했을 때 시기상조였다.
　급식은 학교 교과시간 내에 이루어진다. 학교 내에서 먹는 음식은 그 자체로 교육의 효과를 거둔다. 어떤 음식을 주로 먹고 함께 먹는다는 것에 의의가 있다. 이 모든 조건을 지키기 위해 연대회의는 학교급식법 개정을 위해 전국을 돌며 토론회를 열었다.

　2003년부터는 학교급식법 개정을 위한 공개토론회, 전국 동시다발 대정부 집회를 열었다. 전국단위로는 학교급식법을 개정하고 지역에서는 다양한 형태의 조례제정을 위해 움직였다. 기초단위의 의회가 쉽게 움직이지 않자 당시 막 시작된 주민발의제도를 이용했다. 지역의 개별성은 존중되어야 마땅하다. 지방자치제를 추구한다면 당연히 각 지역별 특수성을 고려해 지방정부마다 특별한 하위법이 필요했다. 또한 주민발의 조례청구는 주권자들의 직접정치, 정치참여를 유도해낼 수 있어 지역운동에 매우 중요한 구심점이 된다. 지역운동에서 공동의 의제를 이끌어내고 모두가 공감할 수 있는 민감한 사안이 있다면 주민들의 힘을 모을 수 있다. 각 지역에서 제안하는 이런 정치적 행동들은 결국 전 국민적 움직임으로 이어져 중앙정부와 국회도 변화시킬 수 있는 동력이 된다.

정치학자 맥카시와 울프슨(McCarthy& Wolfson)은 *'노동운동, 빈민운동, 여성운동, 시민권운동과 같은 갈등운동(conflict movement)은 전통적으로 소수 혹은 얇은 층의 대중의 지지를 받고 사회변화를 야기하려는 시도에서 근본적이고 조직화된 반대에 직면하지만, 합의운동(consensus movement)은 그들의 목표에 대한 광범위한 지지를 얻고 지역사회 내부의 조직화된 반대가 거의 없거나 아예 없는 운동'으로 운동의 성격을 나눈다. 아이들의 밥 먹는 문제를 공론화한 것은 사실상 갈등운동이라기보다 합의운동의 성격을 가진다.

학부모운동에서 생각했던 것은 동원과 참여의 차이였다. 학부모들은 대부분 학교가 학부모를 동원한다고 불만이 많았고, 학

*McCarthy& Wolfson 1992: 273

교측에서는 학부모를 동원할 수밖에 없는 열악한 환경을 안타까워했다. 학교는 교사만으로 운영될 수 없고 사실 지금보다 더 많은 행정과 복지에 관련된 인재들이 필요하다. 하지만 우리의 학교는 교사가 모든 것을 책임지는 형태로 발전해 왔고 행정, 복지, 안전과 관련해서 모두 학부모들이 동원되어 품앗이하며 억지로 학교를 이끌어온 셈이다. 동원당하지 않으려면 참여할 수 있는 기회가 수반되어야 한다. 두 가지 행위의 차이점은 결정권이다. 의사 개진과 의제 발굴, 또한 이것들을 결정할 수 있는 권한이 구성원 간의 합의를 거쳐 얼마나 균형을 이루는가가 중요하다. 학부모가 운영위원회에 참여하고 학부모회가 주도적으로 학교와 더불어 행사와 사업을 주관해나갔을 때 참여의 맛을 느낄 수 있었던 것을 다시 떠올렸다.

'내 아이의 밥상'이라는 주제는 주민참여를 이끌어 내기에 충분한 당사자 운동이다. 아이를 키우지 않는 사람이라도 아이들이 사회에서 약자라는 것은 모두 인정하고 있지 않나. 급식운동을 전국적으로 확대하고 법과 제도를 바꿔 사회를 변화시키려면 사회적 합의를 이끌어내야 했다. 사회적 합의를 이끌어내기 위해서는 공론화를 해야 하는데 시선을 받아야 한다. 그래야 이슈가 된다. 모두 이 문제에 대해서 한번쯤 생각할 기회를 가져야 사회적 합의에 도달한다. 주민운동은 운동의 성공 여부를 떠나 이슈가 되고 언론에 오르내리며 사람들이 단 한 번이라도 자기 의견을 고민해본다면, 그때부터 사회의 패러다임이 바뀐다.

90년대는 시민사회단체가 폭발적으로 등장한 시기다. 2003년 시민의 신문에 발표된 바에 따르면 2002년에 있던 시민사회단체는 총 2만 5천여 개였는데 그중의 63.65%가 90년대에 설립되었다. 현재까지 명맥을 유지하는 단체들도 대부분 90년대부터 2000년 초반 사이에 설립된 단체들이 다수를 이룬다. 80년대의 지역운동은 빈민운동이 주를 이뤘지만 90년대 이후부터는 '내 삶'과 연결된 운동이 호응을 얻었다. 급식운동을 소비자 운동으로 이어서 보는 사람들도 있었다. 사실 시민주권보다 소비자 운동이라는 게 조금 더 쉽기도 했다. 민주주의국가라 하지만 시민들은 국가의 역할과 책임에 대해 계속 탐구하는 중이었고 오랜 독재의 잔재로 국가책임을 묻는 것을 낯설게 느끼는 시민들도 많았다.

전국적 학교급식조례제정발의 운동

2003년 연대회의에서 추진했던 주민조례청구는 2020년부터 시행되는 주민조례발의와 조금 다르다. 당시는 주민이 직접 조례를 발의할 수는 없고 주민들이 조례를 제정해달라고 지방자치단체에 청구하는 형태였다. '주민조례 제정, 개정, 폐지 청구제도'가 정식명칭인데 '주민조례청구제도'라고 한다. 1999년에 도입되어 연평균 13건의 주민조례청구가 이어지고 있다. 당시는 기초단체의 19세 이상 유권자 중 총 20분의 1 이상의 연서명이 필요했다.

우리가 바라는 조례제정의 주요 내용은 첫째가 위탁급식을 직영급식으로 바꿀 것, 둘째는 안전한 우리 농산물을 사용할 것, 셋째는 각 학교에 교사, 학부모, 학생들로 구성된 급식소위원회를 설치하여 논의를 통해 투명하고, 민주적으로 급식을 운영하는 것이었다. 그리고 우리 농산물을 이용함으로써 추가로 드는 예산에 대해서는 각 지방자치단체에서 부담하는 것으로 하고, 점진적으로 무상급식을 목표로 추진해 가야 한다는 내용도 들어 있었다.

급식법 개정운동과 더불어 지방자치단체에서 조례를 제정해 학교급식을 지원할 수 있는 근거를 마련하려는 학교급식 조례제정운동이 시작되었다. 2002년 전북에서 최초로 조례제정운동이 시작되고, 전남에서 주민발의에 의한 조례제정운동이 물꼬를 텄다. 2002년 대전·인천·제주 등에서 '학교급식지원조례'가 차례로 제정되었다. 조례제정을 위한 서명운동과 주민발의운동은 급식법 개정운동과 더불어 수백만 명의 시민들의 참여로 동시다발적으로 진행되었다. 이러한 노력의 결과 2010년까지 전국의 16개 광역시도를 포함해 230개 시·군·구 중에서 202곳(전체의 87.8%)에서 직영급식, 친환경 농산물 사용, 무상급식의 원칙을 담은 조례가 제정되었다.

학교급식법 개정요구는 2001년 회기를 마치면서도 국회에서 논의도 되지 않고 방치되었다. 국회가 별 관심을 보이지 않자 이

2004년 3월 30일, 서울의 학교급식 주민조례발의 청구서

운동을 전국적으로 확산시키기 위해 각 지역별 운동이 시작되었다. 2002년 2월, 인천의 강화군에서 조례제정운동을 처음 구상하고 제안했다. 농민단체들은 학교급식에 우리 농산물을 우선 사용해달라는 요구를 시작했다. 하늘에 매달리는 농업이 아니라 사람이 구조를 만들어나가야 농업의 지속가능성이 보장된다.

농민들은 확실한 공급처가 있어야 안정적으로 농사를 지을 수 있다. 게다가 친환경 농법을 유지하고 싶어도 가격경쟁에서 밀려버리면 판로가 없다. 학교급식과 지역농이 결합한다면 아이들에게는 좋은 음식을 먹일 수 있고 농민들은 친환경 농법을 유지하면서 우리 농산물을 맘 놓고 생산할 수 있다는 취지였다. 이 제안이 전국적으로 확대되었다.

2002년 5월에는 전라북도의 운동본부가 조례제정운동을 본격화했다. 2003년 2월에는 전라남도에서 180개 단체가 운동본부를 결성하고 도민들로부터 조례제정청구 연서명을 받아 주민발의 조례청구에 성공하였다.

전라남북도의 성공으로 조례제정운동은 급물살을 타게 된다.

경북도(2003년 12월 19일, 의원발의), 경남도 (2003년 12월 29일~2004년 5월 25일 재의결 의원발의), 대전시(2004년 3월 5일 시장발의), 인천시(2004년 4월 23일 주민발의), 제주시(2004년 5월 25일 주민발의)가 차례로 조례를 제정하고 경기도와 서울시(2004년 3월 30일)는 주민발의를 통해 조례를 청구했다. 서울시는 2004년 11월, 20만 명이 넘는 시민들의 발의로 제정 청구한 학교급식지원조례를 시의회에서 통과시켰다. 이후 2010년까지 전국의 16개 시도를 포함해 230여 개 기초 시·군·구의 대부분이 직영급식, 우리농산물 사용, 무상급식의 원칙을 담은 학교급식지원조례를 제정하였다.

우리 농산물 사용이 위법이라고?

2003년 12월, 전라북도의 전북학교급식조례가 위법이라는 주장이 제기되었다. 전북교육청은 주민들이 청구한 조례 내용 중에 '전북도에서 나는 농산물을 학교급식에 공급한다'라는 조항이 법률위반 여부가 있다며 대법원에 제소했다.

충북도는 운동본부가 제안한 '우리 농산물 사용, 직영급식 전환, 점진적 무상급식 실현' 조항을 누락한 조례를 제정하기로 꼼수를 부렸다. 전북뿐 아니라 전남도, 경남도 '지역에서 나는 우리 농산물 공급'이 WTO 조항을 위반한다며 대법원에 제소했다. 경기도도 행정자치부에서 대법원에 같은 조항을 제소하라고 권고하자 그대로 따랐다.

2004년 겨울, 국본은 경기도의 조례 제소 취하를 촉구하는 전국 학부모-교사-농민대회를 개최했지만, 대법원 제소 움직임은 계속 이어졌다. 2005년에는 서울의 조례가 행정자치부에 의해 제소되었다. 국민이 원하는 방침을 WTO 방침에 위배된다고 대법원에 제소하다니, 누구를 위한 정부인지 의심스러웠다.

2005년 9월, 대법원은 전북의 조례를 무효화한다는 판결을 내렸다. 이를 묵과할 수 없었다. 국본은 바로 '학교급식조례 위법판결 규탄 기자회견'을 열고 토론회를 개최하고, 경남 조례 판결을 앞두고 대법원은 올바른 판결을 하고 국민의 편에 서라고 촉구하는 기자회견도 열었다.

국본은 2005년 10월에 대법원 제소가 있더라도 조례제정운동을 계속 추진하기로 했다. 각 지자체에서 준비하는 조례제정운동을 범국민적으로 확산시키고 본부는 이를 지원하기로 했다. 국본은 지원팀을 별도로 구성해서 각 지역의 조례제정운동의 실무를 구체적으로 지원하고, 조례안도 만들고, 지자체와 의회와의 교섭방안도 마련했다.

전 국민적 열망이 들끓자, 정부도 그저 외면할 수 없었다. 각 지자체에 학교급식조례를 대법원에 제소하라는 지시를 내렸던 행정자치부는 2004년에 제주도에는 슬그머니 제소를 철회하겠다는 방침을 정하면서 조례제정운동에 제동을 늦추기 시작했다. 행자부의 조건은 대신 도내에서 자율적으로 문제가 되지 않도록 잘 조절하라는 것이었다. 2006년에 들어서 외교통상부는 구체적으로 WTO 협상양허안을 제출하면서 학교급식재료 농산물은 조달협정 예외로 두겠다고 발표했다.

국본은 법안을 샅샅이 뒤져 WTO 조항에 어긋나지 않는다는 것을 확인하여 공표했다. GATT 협정을 보면 상업적 재판매 목적이 아닌 정부조달은 '내국민대우' 원칙으로 허용하는 것이며, 정부조달협정은 상호주의를 전제로 하고 있기 때문에 필요에 의해 선택적으로 가입할 수 있는 조항이다. EU나 미국, 캐나다 등의 20개 나라는 자국의 농업지원과 급식을 장려하기 위해 농산물 조달은 조달협정 적용을 배제했으며 일본은 협동조합을 통한 조달에 대해 예외를 적용하고 있었다. 정부조달협정을 살펴보면 '인간과 동식물의 생명과 건강을 지키기 위한 특별조치에 대해서는 내국민대우 조항예외'가 있고, 학교급식프로그램은 농업협정의 국내보조에 해당해서 보조금 지원도 위배될 것이 없는 것이다.

국본은 표준 조례안의 문제점을 파악하고 이를 개정하면서 학교급식재료로 우리 농산물이 쓰일 수 있도록 기존에 잘못된 조례가 있으면 재개정하는 것도 추진했다.

사실 조례가 제정되어도 집행부인 지방정부가 의지가 없으면 잘 실현되지 않았다. 학교나 정부기관이나, 익숙한 것에서 벗어나 체계를 새롭게 만들어나가는 것은 힘들다는 것이었다. 조례가 제정되더라도 결국 시민들이 감시하고 견제해야만 했다.

'학교급식법'은 2003년 민주당 이미경 의원 대표발의로 국회에 법 개정안을 상정하려고 했으나 상임위원회 통과 등의 기본절차에 시간이 부족해 상정도 못 해보고 자동 폐기되었다.

2004년과 2005년은 각 지역마다 조례발의를 청구하고 행자부의 대법원 제소에 맞서고 WTO 조항을 재검토하여 각 지방정부와 교섭하고 협의하는 등 눈코 뜰 새 없는 나날을 보냈다. 그 사이 다시 학교급식개정안을 준비해 내놓았다. 우리 농산물 이용, 직영급식, 국가와 지자체의 역할과 책임 강화, 점진적 무상급식, 학부모 참여와 학교자치 강화의 내용을 담았다.

2006년 6월 학부모들의 끈질긴 급식운동과 시민들의 적극적인 참여로 마침내 학교급식법이 개정되었다. 이에 따라 대부분의 학교가 위탁급식을 직영급식으로 바꿨고, 정부와 지자체가 급식비를 지원할 수 있는 법적 근거가 마련됐으며, 우리 농산물을 학교급식에 사용할 경우 이에 대한 비용지원도 가능해졌다. 하지만 학부모와 시민단체가 줄기차게 주장해온 무상급식의 전면 실시는 이뤄지지 않았다.

2006년 비록 학교급식법이 개정되었으나 모든 문제가 해결된 것은 아니었다. 상당히 많은 학교가 여전히 위탁운영을 계속하고 있었고, 무상급식은 먼 이야기였다.

2006년에는 광주의 한 여고에서 정체를 알 수 없는 멀건 국물에 계란 하나가 들어간 급식판 사진이 인터넷에 알려지면서 논란이 되었다. 90년대 후반 전국적으로 급식을 확대하면서 학교급식시설을 확충하고 위탁급식업체 양산에 힘쓴 결과가 10년 후에도 해결되지 않은 것이다.

2006년에는 초등학교는 대부분 직영으로 전환되었지만 중·고등학교는 90%가 위탁급식으로 남아 있었다. 위탁급식은 급식비의 60%가량을 식자재 구입에 쓰고 나머지는 조리원과 영양사들의 인건비로 썼다. 위탁업체는 사기업이다 보니 당연히 이윤을 추구한다. 기업에게 국가와 국민을 위해 봉사하라고 할 수도 없는 노릇이다. 조리사와 영양사들도 아이들의 밥상을 책임지다 보니 더 나은 식자재를 쓰고 싶어도 딱히 방법이 없었다. 싸고 푸짐한 식단을 내놓는 것이 영양사의 능력으로 평가될 지경이었다.

위탁운영에서 직영으로 바꾸면 해당 교육청에서 1억 원 정도의 급식비를 지원받을 수 있었다. 딱히 어려운 일도 아니었는데 굳이 직영으로 전환하지 않고 위탁을 고수하는 이유가 무엇일까? 나는 그 이유를 책임소재로 봤다. 학교급식에서 사고가 나더라도 위탁업체 탓이라고 둘러대면 그만인 것이다. 급식업체는 학교에 들어와 장사를 해야 하는 입장이다. 이 때문에 법안에 직영전환을 권고했어도 학교는 쉽게 움직이지 않았다. 급식의 사고원인을 전가하기 위해서라면 대체 아이들을 어떻게 여기고 있다는 말인가.

게다가 당시 위탁업체들은 한 학교만 계약하는 게 아니었다. 만약 한 개의 위탁업체가 열 곳의 학교급식을 운영한다면 식자재는 한 곳에서 온다. 식자재 관리에 소홀해 한 가지의 식자재에 문제가 생긴다면 열 곳의 학교 모두 같은 사고가 일어날 수밖에 없는 것이다.

그뿐 아니라 영리업체가 따지는 가격대비 성과물이 좋은 식자재로는 결국 조리시간이 짧고 맛이 강렬한 음식을 만들어낼 수밖에 없었다. 튀김이나 소시지 등 건강에 딱히 도움이 되지 않는 음식을 내놓는 것이다. 왜 이런 것을 내느냐고 물으면 '아이들이 좋아해서'라고 변명했다. 아이들이 좋아하지 않는다고 건강한 식단을 포기하느냐고 물으면 '아이들이 안 먹고 남긴다'라는 변명으로 둘러댔다. 학교급식은 공동의 건강과 보건을 위한 것이다. 이윤을 추구하는 기업체에 적합한 일은 아닌 것이다.

2006년 여성운동상 수상

뜨겁게 달려온 학교급식운동의 빛나는 성과는 나에게 부수적인 영예를 안겨줬다. 각종 운동조직의 대표를 도맡아 전국적 명성을 얻게 되었으며, 2006년에는 여성노동자 권익향상과 학교급식 개선에 기여한 공로로 3.8세계여성의 날 기념 여성운동상을 받은 것이다. 여성에게 주어진 환경을 극복하고 주체적 자각 속에 이어온 활동에 대한 평가이며 또 급식운동의 어렵고 힘든 과정 속에 나온 것이기에 지금도 매우 큰 의미가 있다. 97년까지 서울여성노동자회 회장으로 20년간 일해 온 것, 학교운영위에 참여하면서 시작한 학부모 운동으로 학교급식 직영전환, 급식모니터링, 교복 공동구매, 졸업앨범 공개입찰 등을 성사시킨 것을 인정받았다.

특히 2001년 전국교복네트워크활동과 2002년 '학교급식법 개정과 조례제정을 위한 시민사회단체연대회의'를 출범시킨 공로도 포함되었다. 여성운동상 수상으로 "지난 20년 동안 여성노동자들의 권익 향상에 힘써왔고, 학부모들을 조직화해 학교급식 개선에 앞장서는 등 '풀뿌리 주민운동"의 모델을 제시했다"라는 평가를 받았다.

누군가는 내게 쉽게 성과를 냈다고 말할 수도 있을 것 같다. 하지만 일이 쉬웠던 적은 한 번도 없었다. 어떤 운동이든 매번 어렵고 힘든 고비를 맞았다. 같은 활동도 없었고 쉽게 결과를 낼 수 있었던 운동도 없었다. 그렇기 때문에 나는 신념을 마음에 품고 살 수 있었다. 대중이 원하는 것, 대중의 힘을 품는다면 민주주의는 흔들리지 않겠다는 믿음, 뚜벅뚜벅 한 길을 걸어가다 보면 그 길 끝에 내가 기다리는 것이 있을 거라는 믿음 말이다. 그곳에서 내가 기대한 것을 못 만난다고 해도 상관없다. 내가 가고자 했던 방향은 애초 쉬운 곳이 아니었다. 끝내 세상을 바꾸는 밥상을 차려내는 것이 내 유일한 존재 이유라고 믿는다.

이 시점에서 나는 또 다른 갈증을 깊이 느꼈다. 어려웠던 유년 시절을 보내고 노동운동에 투신하면서 배움의 기회를 얻지 못하였기 때문이다. 야학을 통해 성장하긴 했지만 충분치는 않았으며, 특히 전두환 정권에 맞서다 감옥에 갇혀 지낼 때에 여러 가지 사회과학 서적을 접했으나 그 내용을 완벽히 이해하지 못한 아쉬움이 떠올랐다. 향후의 운동을 위해서라도 지식을 쌓고 미래를 대비할 필요가 있다고 결심했다.

이 상을 받기 전 남편의 헌신적인 지지와 도움 속에 검정고시를 치렀고, 2002년에는 성공회대학교에 입학해 사회학과 정치학을 전공했다. 일과 공부에 몰두하고 아이들을 뒷받침하며 어쩔 수 없이 '슈퍼우먼'으로 살아야만 했던 세월이다. 가족의 양보와 이해가 없었다면 불가능한 일이었다고 지금도 생각한다. 한편으로는 여성에게 더 부담이 가는 사회구조에 대한 문제의식도 함께 느낀 순간이었다. 하지만 이때 갖추게 된 역사와 정치, 사회에 대한 관점은 이후의 대중운동에 있어 결국 큰 자산이 되었다.

친환경 무상급식의 정책화

학교급식지원조례는 주민조례발의로 전국 광역 시·도와 시·군·구에서 속속 제정되었으며 2006년에는 학교급식법이 개정돼 위탁급식은 직영급식으로 전환되었다. 지자체가 급식비를 지원할 수 있는 법적 근거가 마련됐으며, 우리 농산물을 학교급식에 사용할 경우 증액되는 비용을 지원할 수도 있었다.

직영급식과 우리 농산물 활용이 제도화된 이후에도 무상급식은 여전한 과제였다. 2007년 경남 거창군에서 무상급식이 일부 시작되었지만, 아직 전국적인 제도화는 요원한 과제였다. 나는 2008년 급식활동가들과 함께 무상급식 추진에 대한 결의를 다

2005년 6월, 학교급식법 개정 촉구를 위한 시민걷기대회

2008년 7월, 광우병 없는 학교급식 안전지대 선언 기자회견

진 후 친환경 무상급식을 전국적으로 확대해야겠다고 결심했다. 급식의 문제를 넘어 보편적 복지 그리고 인간 누구에게나 공평하게 다가가는 교육으로 한 단계 넓은 세계를 꿈꾸었다.

2008년 미국산 쇠고기 수입반대 촛불집회는 국민에게 식량주권과 먹거리 안전의 중요성을 일깨워주었다. 학교급식운동과 한 끼 제공이라는 양적 확대를 넘어 안전과 품질이라는 질적 전환의 필요성을 절실하게 인식하였다.

'학교급식법개정과조례제정을위한국민운동본부'는 2009년 하반기 워크숍에서 지속가능한 농업·농촌과 아이들의 건강을 위해, 2010년 지방선거 및 교육감선거의 핵심공약으로 '친환경 무상급식'을 제안하기로 했다.

2010년 3월, 시민운동 역사상 처음으로 2천 200여 개의 시민단체가 결집한 '친환경무상급식풀뿌리국민연대'가 출범해 친환경 무상급식을 공약화하는 정책 캠페인을 전개하였다. 국민연대는 '① 친환경 무상급식은 교육이다 ② 친환경 무상급식은 보편적 복지의 실현이다 ③ 친환경 무상급식은 지역경제를 활성화한다 ④ 친환경 무상급식은 친환경농업을 확대한다 ⑤ 친환경 무상급식은 아이들의 행복이다'라는 5대 공동행동 슬로건을 제시하였다.

학교급식을 통해 친환경 가치, 보편복지 가치, 지역순환경제

2009년 9월, 국민감사청구 거리캠페인

의 가치, 아이들의 행복이라는 가치를 만나게 되었고, 국민연대는 이를 한국 사회의 성장과 교육의제로 제시한 것이다.

전국 순회간담회와 거리서명을 받아 국민의 이름으로 2010년 4월 12일 한나라당을 제외한 모든 정당과 정책협약식을 가졌고, 대국민홍보를 위해 정책토론회를 개최했다.

2009년 경기도 교육감 선거를 시작으로 이후의 선거에서 야권후보자들을 중심으로 친환경 무상급식이 핵심공약으로 부상했다. 2010년 선거를 앞두고 '친환경무상급식풀뿌리국민연대'는 정책을 준비해 각 후보자들에게 이를 공약으로 내걸 것을 제안했다. 중앙선거관리위원회는 집단 서명운동이 불법이라 규정하고 모든 것을 막았지만, 우리는 32만 1,895명이 서명한 '친환경 무상급식 실현을 위한 시민정책 요구안'을 수도권 광역단체장과 교육감 후보들에게 전달했다. 무상급식을 단계적으로 실시할 것, 친환경 급식을 확대하고 식생활교육을 전면 실시할 것, 안전하고 민주적인 급식시스템을 구축할 것, 결식아동에 대한 예산을 확보하고 이를 전달할 수 있는 체계를 개선할 것, 학교급식을 전담하는 영양교사를 배치하는 일을 확대할 것을 정리해 3대 목표, 10대 과제를 부탁했다.

2010년 5월 선거를 보름 앞두고 곽노현 서울시교육감 후보, 김상곤 경기도교육감 후보, 이청연 인천시교육감 후보와 친환경

2010년 4월, 야5당 정책협약식 및 토론회

무상급식 서명 발표 및 시민정책 요구안을 전달했다. 진보진영으로 불린 교육감 후보들은 정책연대를 선언하고 공동유세를 벌이면서 선진국형 혁신학교 도입, 보수·관료세력의 교육비리 척결, 초·중학교 보편적 친환경 무상급식 실시 등을 3대 공통 공약으로 내걸었다.

2010년 선거 직전 선관위는 선거법 위반에 대한 잣대를 엄하게 들이댔다. 공론이 분출하는 트위터를 제한하고 시민과 종교 단체들의 4대강 사업 반대운동, 무상급식과 같은 지방선거의 핵심 의제에 대한 입장표명을 가로막았다. 결국 이런 선관위의 행동은 당시 여당을 지원하는 꼴이 되었다.

지방자치는 결국 민관협치가 관건이다. 우리는 시민의 이름으로 후보자들에게 협치를 제안한 것인데 이것이 선거법 위반이라고 했다. 나는 서울시 선관위로부터 무상급식 정책협약활동을 진행했다며 검찰에 고발당했다. 당시 지역의 무상급식 단체 네 곳은 수사도 받았다.

시민활동의 성장과 교육 의제는 매니페스토(Manifesto)부터 선거운동까지 2010년 지방선거의 핵심의제가 되었고 친환경 무상급식공약을 채택한 후보들이 대다수 당선되는 결과를 낳았다. 지방자치 차원에서 친환경 무상급식이 처음으로 제도화되고, 구체적으로는 2010년 3월 24일 교육감후보 정책협약식도 개최

2010년 3월, 교육감후보 정책협약식

하며 정책으로 추진하는 기회를 만들어냈다. 학부모와 시민사회가 힘을 합쳐 만들어낸 값진 성과였다. 당시 여당인 한나라당 후보들도 일부 동참하였다. 친환경 무상급식 공약을 채택한 후보들의 대다수가 당선됐다. 선거 이후 지방자치 차원에서 무상급식이 실시되는 획기적인 변화를 가져왔다. 학부모와 시민사회가 만든 성과였다.

의외의 복병, 나쁜 주민투표의 등장

2010년 지방선거에서 민주당이 친환경 무상급식과 4대강 반대 정책선거를 통해 광역단체장과 기초단체장, 시도의원과 기초시군구 의원들을 대거 당선시키면서 국면이 전환되었다. 지방선거 직후 지방정부와 교육청에서 무상급식을 실시하는 제도적·법적 조치들이 시행되었다. 그러자 한나라당을 중심으로 '부자급식' 반대를 내세우며 무상급식 전면실시에 반발하기 시작했다. 급기야 당시 오세훈 시장은 2011년 '전면적 무상급식에 대한 주민투표'를 들고 나왔다. 나는 이 사건을 밥과 정치가 전면 충돌한 초유의 사태로 봤다. 1970년대 군부독재 때도, 80년대 전두환 정권에서도, 일제강점기 때도 급식을 시도했던 역사가 있다. 비록 그들이 모두 무상급식까지 실천하지는 못했으나 '공짜로 밥 먹이면 안 된다'는 차별적 관점으로 급식에 정치적 생명을 건 그 상상력이 놀라울 따름이다.

이에 대한 대응으로 각계인사들과 시민사회단체들이 참여한 가

2010년 5월, 친환경무상급식실현 촉구 서명전달식

운데 '부자 아이 가난한 아이 편 가르는 나쁜투표거부시민운동본부'가 구성되었다. 이들은 시민들과 함께 '나쁜 투표 거부운동'을 전개하였다.

그 결과 2011년 8월 24일 치러진 서울시 무상급식 주민투표는 최종집계결과 25.7%의 투표율을 기록하며 결국 무산되었다. 투표함은 개봉되지 않았다. 개표 가능한 투표율 33.3%에 크게 못 미친 것이다.

숱한 거짓과 논란 속에서도 서울시민들은 현명하게 판단하여, 민주주의 제도를 악용한 나쁜 투표를 심판한 것이다. 친환경 무상급식과 보편적 복지, 민주주의를 지킨 서울시민의 위대한 승리였다. 투표할 '거리'도 안 되는 아이들 밥 먹이는 일로 시간과 돈을 낭비하고, 시대착오적인 反복지담론을 불 지피려 한 오세훈 시장과 이명박 정권, 한나라당은 패배하였다. 더욱이 당시 주민투표는 오세훈 시장이 기획·주도한 관제투표이자 부자 아이와 가난한 아이를 차별하는 나쁜 투표였고, 진행 과정에서도 불법과 부정이 난무했던 불법투표였다.

'시장직'까지 걸면서 주민투표를 강행한 오 시장은 결국 사퇴하고 말았다. 하지만 오 시장은 시민들의 투표 불참에 의한 투표율 미달이라는 결과에 승복하고 사퇴한 것이 아니었다. 투표 불참으로 나타난, 친환경 무상급식 전면실시에 대한 시민들의 염원을 깡그리 무시한 채, 말 그대로 '그냥' 물러났다. 그는 '혈세 낭비' '의회민주주의 파괴' '아이들의 인권침해' '갈등과 분열 증폭' 등 많은 문제를 남겨놓고 사퇴함으로써 '나쁜 시장' '오만한 시장'

2010년 3월, 친환경무상급식풀뿌리국민연대 출범식

'무책임한 시장'으로 우리의 기억 속에 남았다.

불법·부정 주민투표가 막을 내렸어도, 오 시장이 사퇴했어도, 달라진 것은 없었다. 서울시는 여전히 서울시의회를 통과한 5~6학년 친환경 무상급식 예산 695억 원을 집행할 수 없다고 몽니를 부렸다. 2학기부터 5~6학년 아이들도 무상급식 혜택을 받을 수 있으리라던 우리의 기대도 날아가 버렸다.

서울시장 보궐선거를 앞두고 10월 18일 박원순 야권단일후보는 시민사회단체와 '친환경무상급식정책협약'을 맺었다. 이 자리에서 박 후보는 영유아부터 초중고까지 무상급식의 단계적 확대, 안전하고 질 좋은 친환경 급식 확대와 식생활교육 체계화, 안전하고 민주적인 급식시스템 구축이라는 3대 목표와 10대 과제에 합의하였다.

2011년 10월 26일 서울시장 보궐선거 결과 박원순 후보가 당선되면서 무상급식 논란은 종지부를 찍었다. 박 시장은 취임 첫날 친환경 무상급식 실시안에 결재하였다. 먹거리를 위해 싸워온 십수 년의 세월과 고통이 머릿속에 주마등처럼 지나갔다. 감격의 눈물이 흘러내렸다. 참여민주주의를 통해 만들어진 극적인 결실이자 내 생애 최고의 순간이었다.

그동안 서울시민들은 친환경 무상급식의 실현을 위해 많은 성과를 이루어냈다. 2004년에는 주민 발의로 청구 서명인 22만여 명이 참여해 학교급식지원에 관한 조례를 제정케 하였고, 2010

2011년, 차별급식 나쁜투표 거부 대책위원회 발족

년 6월 2일 지방선거에서는 적극적인 투표 참여로 친환경 무상급식을 정치적 의제로 반영시켰다. 또한, 오세훈 시장이 주도한 불법·부정 주민투표에서는 '나쁜 투표 착한 거부'로 우리 아이들의 밥상을 지켜냈다.

아이들 밥 먹이는 문제, 학교급식에 대해 그토록 많은 국민이 관심을 가지고 참여한 핵심적인 이유는 무엇일까. 첫째는 우리 사회의 먹거리 불안감에서 시작되었다고 본다. 둘째는 '내 아이'를 넘어 '우리의 아이들'을 건강하게 키우고자 하는 부모들의 마음이 모아진 것이다. 셋째, 대한민국 국민으로서 의무를 다했다면 국민으로서 혜택도 평등하게 받아야 한다는 보편적 복지, 더 나아가 먹거리 복지에 대한 국민의 요구 때문일 것이다.

우리는 먹거리 복지의 담론 속에서 아이들에게 건강한 밥상을 차려줄 '친환경 무상급식'과 안전한 먹거리를 안정적으로 공급받을 수 있는 '식량주권'이 왜 중요한지를 집중 검토하기 시작했다.

전 세계적으로 식량대란의 위기, 에너지 자원의 위기, 생태환경의 위기가 현실화하고 있다. 국제 곡물가격의 폭등과 국제유가의 고공 행진 그리고 지구온난화로 인한 기상이변의 속출은 상승작용을 하여 세계경제의 위기와 인류 생존의 위기를 초래하고 있다.

한국 사회는 이러한 지속가능성의 위기로부터 얼마나 자유로운

가. 우리 국민은 신자유주의 세계화로 인한 심각한 사회적 양극화로 고통받고 있다. 우리나라의 곡물 자급률은 최근 3개년 평균 23%에 불과하다. 전 세계 평균 곡물 자급률은 101.5%다. 국토의 난개발로 인한 생태환경의 악화는 지구적 규모의 식량·에너지·환경 위기의 시대에 위기를 가중시키고 있다. 이러한 위기를 심화시키는 우리 사회경제 구조는 사회적 양극화와 동전의 양면 구실을 하며 절대다수의 사회적 약자에게 그 고통을 전가하고 있다.

희망의 밥상, 상생의 밥상

한 사회의 지속 가능 여부는 무엇으로 가늠할 수 있을까. 나는 무엇보다 농업과 농촌의 유지·발전이 국민경제와 국가사회의 지속가능한 유지·발전에 필수적인 기본조건임을 인식해야 한다고 본다. 이는 선진국의 자국 농업·농촌의 보호·육성에서 확인되는 역사적 사실이며 선진국 진입의 기본 조건이다. 더욱이 식량·에너지·환경을 통합적으로 갈무리하는 산업이자 공간이 바로 농업·농촌이라는 점을 중시하며 선진국들이 이 세 부분을 통합적으로 지원·육성하는 데서 여실히 증명된다.

그러나 우리의 농업·농촌은 위기에 처해 있다. 이 땅을 일구어 온 '농부'의 생존 위기이며, 안전한 먹거리를 안정적으로 공급받아야 할 국민의 기본권 위기이며, 자연과 공생·조화하며 풍

요롭게 살아야 할 인간의 위기이다. 안전한 먹거리의 안정적 자급, 에너지 자원의 지역 내 자립 순환, 생태환경 친화적 농업·농촌 시스템의 전면적 구축 등은 사회와 나라와 국민을 살리는 기본 과제임에도 성장제일주의, 시장 지상주의, 신개발주의세력과 정책들에 가로막혀 있다.

수입 농식품의 식탁 지배, 허술한 검역체계, 수확 후 농약 과다 사용으로 오염된 수입농식품 등 식품 안전성 문제가 우리 아이들과 국민의 건강을 위협하고 있다.

식품 안전의 위기로 인해 아토피와 각종 성인병 외에도 우리나라 어린이의 30% 이상이 성장기 비만이란 신종 질병을 앓고 있다. 성장기 비만은 피가 탁해지고 면역성이 떨어지며 근육의 양이 적어지고 지방 세포는 폭발적으로 증가하여 온갖 나쁜 습관성 질병을 양산하는 원인으로 작용한다고 한다.

문제 인식에 이어 만들어낸 "보육부터 교육까지 조거래 친환경 무상급식을 실시하자"라는 학교급식운동의 의제는 2010년 지방선거에서 급조된 것이 아니었다. 이미 20여 년 전부터 '아이들을 건강하게 농민들에게 희망을'이라는 슬로건과 직영급식 원칙으로 안전한 우리 농산물을 사용해 차별 없는 무상급식을 실시하자는 세 가지 목표를 가지고 활동해 왔다. 그 결과 우리 사회의 많은 부분에 변화를 가져온 것이다. 학교급식이라는 평범한 의제를 국민적 운동으로 만들고 식품안전, 교육, 환경, 농업, 수입

농산물과 광우병 위험 미국산 쇠고기 문제 등에 문제의식을 확산시키고 무상급식과 친환경농산물 사용 확대를 만들어냈다.

뿐만 아니라 학교급식지원조례를 주민발의를 통하여 제정함으로써 전 국민의 관심을 불러일으키며 수백만 명의 지역 주민의 참여를 이끌어냈다. 학교급식조례제정운동은 주민자치에 의한 권력 견제로 지역주민의 자치역량을 높이고 생활상의 요구를 통해 삶의 질을 개선한 지역 자치운동이다. 풀뿌리민주주의를 지향하는 생활정치로서 기존의 중앙 중심적으로 펼쳐졌던 시민운동과는 달리 지역에서의 자치운동을 통해 그 영향력이 지방정부를 거쳐 중앙정부에까지 퍼져나갈 수 있었다는 점에서 새로운 참여민주주의 전형을 만들어낸 것이다.

친환경 급식은 생산·공급이 가능한 품목부터 전국 8천여 개의 학교에서 부분적으로 실시되었다. 2011년 무상급식 추진 현황을 살펴보면, 전국 229개의 시·군·구 중 181곳인 79%가 초등학교 무상급식을 실시하고 있었다. 2011년 당시 무상급식을 실시한 학교에서는 급식의 질이 좋아지고, 부잣집 아이도 가난한 집 아이도 학교에서만큼은 평등하고 자신 있게 생활할 수 있는 조건이 만들어졌다. 친환경 구상급식을 이미 하고 있는 중학교의 한 교장선생님은 이렇게 말씀하셨다. "무상급식을 하니 학교가 환해졌습니다. 우선 급식비를 못 내서 의기소침한 아이들이 없고, 교사들은 급식비 독촉 안 해서 좋고… 아이들 건강해지고 밝아지고 자신감도 넘치고… 그래서 학업분위기도 좋아져서 모두 성적이 쑥쑥 오릅니다. 하하." 행복한 웃음이다.

뿐만 아니라 직거래 계약재배를 통해서 식재료 유통 과정에서 5~6단계를 줄임으로써, 농민들에게는 안정적인 소비처가 되며, 소비자인 우리 아이들에게는 안전하고 신선한 희망의 밥상, 상생의 밥상이 차려지게 되었다. 우리나라의 먹거리 유통시스템에서는 땅끝 마을에서 생산된 농산물이 서울의 도매시장으로 올라왔다 다시 지역으로 내려간다. 이러한 문제를 해결하기 위해 학교급식운동은 그 지역에서 생산된 농산물을 그 지역에서 우선 소비하고, 남는 잉여 생산물을 수도권에 연결해 왔다. 그 결과 에너지 소비와 이산화탄소 배출량을 줄이는 결과를 가져왔으며, 친환경농산물 사용으로 친환경 농업생산기반을 확대하는 데 기여해 왔다.

식량주권과 먹거리 선순환 시스템

'직거래 친환경 무상급식 실현'이 담고 있는 다양한 가치는 돈으로 계산할 수 없다. 친환경 무상급식으로 우리 아이들의 건강을 살리고, 땅과 물을 살리며, 지구온난화를 방지하고, 농가소득을 올리고, 친환경농업 기반을 확대하며, 좋은 일자리를 만들어내며, 지역 경제를 활성화하는 데 많은 기여를 하고 있는 것이 전국에서 입증되고 있다. 그러므로 차별과 상처 없는 행복한 미래의 밥상을 우리 아이들에게 제공하는 것은 우리 사회가 정책 순위에서 0순위로 진행해야 할 국가와 지방자치단체의 책무이고 의무인 것이다.

  이제 친환경 무상급식 운동은 전 국민의 안전한 먹거리 운동으로 발전해 나가야 한다. 농업·농촌의 문제는 농민만의 문제가 아니라 국민 모두의 문제이다. 국민농업의 목표는 농민이 인간답게 살 수 있는 생활권의 보장과 국민의 안전한 먹거리를 안정적으로 보장받을 수 있는 기본권의 보장이다. 안전한 먹거리를 안정적으로 소비하는 것은 국민의 기본권(먹거리 기본권)에 속하고, 국가는 그것을 보장할 의무가 있다. 먼저 안전한 먹거리의 보장은 무엇보다 국내 먹거리 자급력 제고에 의해 추진되어야 하며, 그것은 식량주권 실현이다. 다음으로 안전한 먹거리의 보장은 생태환경 친화적 지속가능한 농업으로 실현되어야 한다. 먹거리와 에너지 자원과 생태환경의 위기에 대처하는 국민농업의 목표가 되어야 한다.

  그동안 친환경 무상급식을 가지고 사회적으로 많은 논쟁이 이어져 왔다. 특정 정책 사안을 가지고 팽팽하게 대립할 수는 있지만, 핵심은 그 사안의 본질적 요소가 무엇인지를 잊지 않는 것이다. 2011년 주민투표 무상급식 논쟁에는 그런 본질적 고민이 없었다. 당시 투표결과는 자격 미달인 대권주자의 대권놀음에 무상급식이 '부자급식' '세금급식' '망국적 포퓰리즘' 등의 억지 논리로 악용되어서는 안 된다는 교훈을 보여주었다. 우리 아이들의 인간다운 삶을 위한 최소한의 밥상조차 차려주지 못하는 사회에서 정치인의 존재 이유는 도대체 무엇인지 묻고 싶다.

현재 친환경 무상급식은 교육청과 지자체의 지원으로 이루어지다 보니, 지방정부의 재정상황에 따라 지역별 편차가 발생하고 있다. 온 국민이 차별 없는 보편적 복지의 혜택을 받기 위해서는 중앙정부가 이를 책임져야 한다. 그러자면 중앙정부가 책임을 지도록 학교급식법을 개정하고, 이를 뒷받침하는 정부의 정책을 마련하는 것이 시급하다. 정부가 나서서 국민의 식량주권을 확보하고, 지역 먹거리 시스템을 통한 계획적이고 체계적인 식량 생산·수급정책을 펴야 할 것이다. 학교급식에 안전한 먹거리를 안정적으로 제공하는 것 또한 이러한 정책 안에서 함께 고민되어야 한다. 지역별 학교급식지원센터를 통해 친환경 무상급식의 정책과 교육을 지원하며, 급식에 지역의 안전한 먹거리를 우선으로 하는 식재료 생산·수급시스템을 마련하여 운영·관리하도록 해야 한다. 이것이 현재와 같이 불안한 먹거리 시장에서 우리 아이들의 안전한 학교급식을 안정적으로 지키기 위한 최선의 방법이다.

학교급식운동의 의의

학교급식운동은 민주화운동 이후 진행된 수많은 시민운동에서 가장 성공적인 풀뿌리 운동의 성과로 꼽힌다. 이 운동이 시작될 당시와 오늘의 현실을 비교해보면, 무상급식 전면실시, 친환경 농산물 사용, 학교급식에 대한 민주적인 제도와 시스템 확립 등 실로 대단한 변화가 있었다. 물론 여전히 학교급식과 관련해 해결해야 할 과제는 남아 있지만 이러한 변화는 우리 사회가 무엇을 추구하며 어떻게 바뀌어야 하는가에 대한 희망을 보여주는 일대 사건이었다.

학교급식운동이 학교 밖에서 만들어낸 변화는 더욱 높게 평가할 만하다. 급식에 대한 인식과 교육에 대한 인식의 발전을 토대로 우리 사회의 먹거리 전반에 대한 새로운 인식과 과제를 제시하며 변화의 물길을 열어가고 있다. 자연스럽게 학교급식운동은 전 국민을 대상과 주체로 한 먹거리운동으로 발전하고 있다. 공공급식 확대운동, 로컬푸드 등 대안적 먹거리 시스템운동, 유기농산물 확산운동, 농업발전전략과 패러다임의 전환운동의 큰 흐름을 만들어가는 중이다. 공공급식이란 어린이집, 아동복지시설, 사회복지시설 등 공공급식시설 및 국가 또는 지방자치단체의 지원을 받는 기관, 단체, 시설 등 공공기관에서 구매하는 급식을 말한다.

특히 우리 사회에 보편적 복지의 인식을 확산시키고 교육과 급식에서 적지 않은 성과를 축적했다는 점에서 이후 복지국가 완성의 역사에서 두고두고 평가될 것이다. 무상급식 논쟁을 중심으로 보편적 복지의 가치와 의미, 그 방안이 우리 사회에 본격적으로 전개된 것이다. 시혜적 성격의 선별적 복지가 아니라 보편적 복지의 의미와 가치를 당당히 설파하면서 무상급식이라는 하나의 영역에서 그 모범적 모델을 만들어냈다.

학교급식운동은 우리 사회가 고민하고 있는 복지국가에 대한 상과 비전을 손에 잡히게 보여준 운동이었다. 이후에 전개된 시민사회와 정치권의 복지국가담론은 학교급식운동에 빚지고 있다고 해도 과언이 아니다.

학교급식운동의 역사는 우리 풀뿌리운동의 살아 있는 역사다.
학교급식운동을 이끌어 온 것은 국민적 참여였다. 학교급식운동이 다른 여타의 사회운동이나 시민운동과 차별성을 가지는 것은 국민적 참여의 폭과 깊이다. 다양한 조직과 운동에 수많은 국민이 자발적으로 참여하였다. 특히 조례제정과 급식법 개정에 대한 서명운동에 300만 명이 참여한 것은 우리 역사에 흔치 않은 풀뿌리 정치의 성공이다. 2010년 지방자치선거에서 무상급식의제는 선거를 지배하는 핵심의제였고 이 의제에 대한 찬반으로 선거결과가 확실히 나뉘었다. 또한 이러한 정책선거의 폭발력은 오세훈 시장이 시장직 재신임을 걸고 시도한 서울시 무상급식주민투표에서도 확연히 승패를 가르는 힘이 되었다. 이러한 경험은 세계사적으로도 유례를 찾기 힘든 풀뿌리 민주주의의 모범이다.

정치보복의 칼날

하지만 주민투표의 승리와 친환경 무상급식의 빛나는 성취와 기쁨은 길지 않았다. 나는 친환경 무상급식운동에 앞장서고 정치적 의제화에도 적극 나섰지만 그럴수록 기득권 세력의 미움이 깊어졌던 모양이다.

2010년 11월 9일 서울중앙지검 공안1부(부장검사 이진한)에 의해 불구속기소 되었다. 2010년 4월부터 5월까지 총 14회에 걸쳐 불법 선거운동을 벌인 혐의(공직선거법 위반 등)였다.

검찰은 우리가 2010년 4월 5일 '친환경무상급식을위한희망의나무심기' 행사를 개최하면서 "친환경무상급식은 아이들의 행복이다"라는 피켓을 게시한 것, "이명박 대통령, 오세훈 시장 등에게 생명나무를 전달해 친환경 무상급식을 실현하는 길을 제고해야 한다"라고 발언한 것 등을 모두 선거법 위반으로 봤다. 또 같은 달 12일 민주당, 민주노동당 등 야5당 대표와 함께 정책협약식과 정책토론회를 개최해 무상급식의 단계적 실시 등 정책협약을 체결한 것에 대해 사건선거운동을 한 것으로 간주했다. 검찰은 기소 전까지 나를 남대문경찰서에서 한 차례, 서울중앙지검에서 한 차례 조사했다. 나는 두 번의 조사에서 모두 묵비권을 행사했다.

선관위가 모은 자료를 보니 어마어마했다. 사실 친환경 무상급식운동은 각 지역에서 자발적으로 일어났기 때문에 시·군 단위로 넘어가면 언제 어디에서 서명을 받았는지 알 수가 없다. 그런게 다 선거법 위반이라니 어이가 없었다.

검찰 조사에서 묵비권을 행사하고 나가는데 저쪽이 앉아 있던 검사가 특정 정당을 지지하고 특정 정당을 낙선시키기 위한 운동 아니냐고 물었다. 그래서 내가 "아니다, 정책선거를 한 것이다. 당신은 이게 정책선거가 아니라고 생각하는가?"라고 되물었더니 정책선거가 맞다고 하였다. 아이들에게 무상으로 좋은 밥 먹이자는데 반대하느냐고 다시 물었더니 찬성한다고 하였다. 그래서 정책선거가 맞다면 이게 왜 선거법 위반이 되느냐고 물었더니 검사가 국회에서 법을 그렇게 만들었다고 답했다.

앞뒤가 맞지 않는 이 모순을 해결하기 위해서 당시 중앙선거관리위원회는 '선거쟁점'이라는 개념을 내놨다. 4대 강 사업 반대운동이나 무상급식운동을 두고 선거쟁점으로 부각된 현안과 관련해 서명 등을 받는 것은 '선거법 위반'이라는 해석을 내놓은 것이다. 이에 관해서 친환경무상급식운동본부에서는 "'선거쟁점'은 법에도 없는 개념"이라고 반발하였다. 검찰은 결국 14개 활동 모두를 선거법 위반으로 규정하고 불구속기소 한 것이다.

검찰이 기소한 것 외에도 2010년 4월 5일 서울광장에서 이명박 대통령, 안병만 교육과학부 장관, 안상수 한나라당 원내대표, 오세훈 서울시장, 김문수 경기도지사에게 '희망의나무'를 전달하려 했으나 경찰의 제지로 무산된 사건이 있는데, 경찰은 이 기자회견을 불법집회로 간주하고 집시법 위반으로 고소했다. 이 사건은 1심 판결에서 검찰이 구형한 벌금 100만 원이 그대로 확정됐다.

결국 나에게는 2010년 지방선거 당시 선거에 부당하게 영향을 미쳤다는 낙인이 씌워졌다. 검찰에 의해 결국 공직선거법 위반으로 기소되어 최종심에서 벌금 200만 원을 선고받았다. 대한민국 법원은 "민주당 등 야5당 후보자들의 당선을 목적으로, 무상급식 전면실시를 반대하는 한나라당에 대하여 반대 의사를 표시하고, 오세훈 서울시장 등 한나라당 후보자의 낙선을 목적으로 선거운동을 하기로 마음먹었다"라면서 나의 선거권과 피선거권을 5년 동안(2011년~2016년) 박탈하였다.

탄원서

'안전한학교급식을위한국민운동본부'와 '친환경무상급식연대' 소속 단체들이 '배옥병대표선거법위반무죄판결을위한긴급대책회의'를 구성하고 각계각층에 탄원을 호소하였다.

지난 6.2지방선거에서 친환경 무상급식 실현을 위한 정책선거를 주도했다는 이유로 배옥병 상임운영위원장이 재판정에 선다는 소식을 듣고, 안타까운 마음에 간절한 심정으로 재판장님께 호소합니다. 민주주의의 꽃인 선거는 정책토론과 다양한 표현들로 축제의 장이 되어야 하는데, 이러한 불필요한 기소로 헌법이 보장한 표현의 자유가 침해당하지 않을까 우려하는 마음도 적지 않습니다.

지난 지방선거는 무상급식, 무상보육 등 국민 피부에 와 닿는 정책들이 사랑을 받으며 제대로 된 정책선거를 치를 수 있을 거라는 기대가 매우 컸습니다. 늘 볼썽사나운 싸움과 정쟁으로 점철된 정치현실에서 새롭게 떠오른 복지정책들은 전국을 들썩이며 정치에 냉소적이었던 유권자들을 선거에 관심 갖게 만드는 데 매우 중요한 기폭제가 되었습니다. 지난 10여 년 동안 안전한 급식, 친환경 무상급식 정책을 제안하고 활동해 왔던 급식운동단체들 역시 늘 해오던 대로 각 당과 후보들에게 정책을 제안하고 실현할 것을 약속받으며 정책선거 분위기를 함께 만들어나갔습니다. 이는 특정정당을 지지하기 위함도 아니며 특정 후보를 당선시키기 위함도 아니었습니다. 행복한 우리 아이들 점심시간과 차별받지 않는 학교생활을 위해 모든 정당과 모든 후보들에게 친환경 무상급식 정책을 제안하였습니다.

한데, 이러한 무상급식 정책활동을 했다는 이유로 선관위가 단체 상임운영위원장을 선거법 위반으로 기소했다는 사실은 우리 헌정사상 매우 불미스러운 일이 아니라 할 수 없습니다. 더욱이 선관위 본연의 임무가 정책선거를 독려하고 선거가 유권자들의 삶에 얼마나 많은 영향을 미치는지 설명하며 관심 갖도록 유도하고 투표에 참여하게 만드는 것인데, 오히려 이런 활동을 했다는 이유로 검찰에 시민사회단체 대표를 고소했다는 것은 백번 양보해도 이해할 수 없는 처사입니다.

지난 지방선거는 경찰청과 선관위, 국토부와 교과부 등 관련정부기관이 동원된 총체적 관권선거 의혹으로 국민에게 매우 지탄을 받은 바 있습니다. 당시 최대 쟁점인 4대강과 무상급식에 대해 선관위는 모든 국민들 입에 재갈을 물리고 귀를 막았으며 눈을 가렸습니다. 4대강의 '4'자만 꺼내도 불법이고 무상급식을 찬성하는 배지만 달고 걸어 다녀도 불법이라며 엄포를 놓고 선관위는 현 정부에 불리한 의제 쟁점화를 막으며 맨 앞에서 이를 진두지휘해왔습니다. 가장 공정해야 할 선관위가 가장 정치적인 행보를 하며 정권의 홍위병 노릇을 해온 것입니다.

이런 선관위가 주장하는 '선거에 영향을 미치기 때문'이라는 근거는 너무나 포괄적이어서 귀에 걸면 귀걸이 코에 걸면 코걸이입니다. 또한 법에서 이야기하는 '~에 영향을 미치는' 행위는 그 목적성을 따지기가 매우 어려운 부분이기도 하거니와, 선거와 무관하게 친환경 무상급식 운동은 10년 넘게 조례제정운동과 법 개정운동 등 상당수 많은 국민의 지지 속에 지금껏 진행해 온 전국적 기반의 역사를 가진 풀뿌리 시민운동으로 평가받고 있습니다.

모든 국민의 정치적·사회적 표현의 자유는 선거시기와 무관하게 자유롭게 보장되어야 합니다. 유권자로서 정부 정책을 감시하고 평가하고 요구하는 것은 민주시민으로서 당연한 권리입니다. 특히 선거에 쟁점으로 떠오른 의제일수록 토론을 활성화하여 구체적인 정책으로 만들어가는 것도 민주사회에선 매우 자연스러운 일일 것입니다. 이는 헌법에도 보장된 기본 권리입니다.

헌법이 모든 국민에게 정치적 표현의 자유, 비판의 자유를 보장하고 있듯이, 선거시기 역시 정부 정책에 대한 자유로운 제안과 비판의 자유를 보장하는 것이야말로 우리 사회가 대화와 토론을 통해서 다른 의견을 인정하는 성숙한 민주주의로 가는 길이라고 믿고 있습니다.

존경하는 재판장님

이 사건에 대한 법원의 판단은 우리 사회 민주주의의 수준을 가늠하는 척도가 될 것입니다. 우리 사회의 민주주의가 다시금 앞으로 나아갈 수 있도록 민주주의의 꽃이 선거임을 다시 한번 확인하고 정책선거가 더욱더 꽃필 수 있도록, 부디 이 사건에 대하여 무죄를 선고하여 주시기 바랍니다.

2010년 12월

이러한 노력에도 불구하고 기득권 세력의 보복의 칼날을 피하기 어려웠다. 분노가 깊었고 또 억울했다. 하지만 설사 그 당시로 다시 돌아간다 해도 친환경 무상급식의 실현을 위해 나섰던 나의 결연한 선택이 바뀔 수는 없었다.

200만 원 벌금형

2011년 6월 30일 서울중앙지방법원은 나의 무상급식 선거법 소송관련 항소심 선고에서 1심과 같은 벌금형을 선고했다. 그러나 그 내용은 1심에 비해 유권자의 권리를 더욱 위축시키고 정책선거를 실종시켰다는 점에서 더 큰 문제를 내포하고 있었다.

재판부는 1심에서 그나마 인정한 '선거쟁점'에 대한 시민사회단체의 통상적이고 일상적인 정책협약식, 캠페인 활동에 대해 유죄를 선고한 것이다. 이로써 결국 정책선거를 위한 유권자의 권리는 어디서도 보장받을 수 없다는 결론에 이르게 된다. 참으로 시대착오적인 판결이 아닐 수 없었다.

무상급식연대의 활동 목표가 모든 아이들에게 친환경 무상급식을 실시하도록 제 정당과 후보들에게 정책을 제안하고 촉구하는 것인데, 이런 순수한 정책활동이 유죄가 되어 돌아온다면 선거를 앞두고 시민단체와 유권자들은 도대체 무엇을 할 수 있다는 말인가. 더욱이 정책협약식은 선관위에서도 인정한 합법적 정책캠페인이며 시민단체가 지난 수십 년간 해온 통상적 활동임에도 재판부는 '선거쟁점'이 된 이후에 진행한 특정 정당이나 후보와 함께한 협약식 등 모든 행사를 '낙선 혹은 당선운동'으로 간주, '선거법 위반'이라는 위험한 판결을 내렸다. 그러한 판결은 '돈은 막고 입은 풀라'는 공정선거법의 입법 취지에도 크게 어긋나는 것이었다.

정책캠페인이란 제 정당과 후보들에게 정책을 제안하고 평가하며 그 결과를 유권자들에게 공개해 정책선거를 유도하고 투표참여를 높이는 데 매우 긍정적인 역할을 하는 것이다. 상을 줘도 모자랄 판에 자유로운 유권자운동에 족쇄를 채워 민주주의를 죽이는 판결을 한 것에 대해 도저히 납득할 수 없었다.

특히 유죄의 이유로 특정 정당과 특정 후보를 지지하거나 반대한다는 발언이 인정된다 하였지만, 그것은 정책설명과 캠페인 과정에서 제 정당과 후보의 정책을 평가하고 유권자들에게 정보를 공개하기 위함이지, 특정 정당과 후보를 겨냥하여 지지 혹은 낙선시키기 위한 것이 아님은 심리과정 내내 증명되고 인정된 사실이기도 하다.

특히 검찰의 주장 모두가 선관위의 자의적 판단과 검찰의 추측성 가설로 일관됐고, 법조문에도 없는, MB정권 들어 새로 생긴 '선거쟁점'이라는 것을 근거로, 없는 죄를 만들어내는 식의, 법 테두리를 벗어난 내용이 상당했음은 공판 내내 입증된 사실이었다. 그럼에도 이것의 절반이 유죄로 인정되었다는 것은 기존의 선거법이 아무리 문제가 있다 하더라도 법조문을 너무나 협소하게 해석한 것이 아닌지 의구심을 떨쳐버릴 수가 없었다.

더욱이 기소내용의 어떤 행태나 발언도 특정 정당이나 후보의 당선 혹은 낙선을 목적으로 '~에 영향을 미치기 위함'이라는 목적의식적 증거가 입증되지 않았음에도 유죄를 인정한 것은 정책선거는 물론 유권자들의 자유로운 정책토론조차 불가능하게 만드는 결과를 초래한 것이라 하지 않을 수 없었다.

21세기 국민의 참정권과 유권자의 자유로운 정치참여가 보장된 대한민국에서 '민주주의의 꽃'이라는 선거과정에서 진행된 유권자들의 정책활동의 결과가 공직선거법 위반이라는 결과로 돌아온다면 우리 사회의 참정권과 인권, 표현의 자유는 도대체 어디서 보장받을 수 있단 말인가.

모든 국민의 정치적 · 사회적 표현의 자유는 선거시기와 무관하게 자유롭게 보장되어야 한다. 또한, 선거시기라 하더라도 유권자로서 정부정책을 감시하고 평가하고 정책을 요구하는 것은 민주시민의 당연한 권리이다. 특히 선거의 쟁점으로 떠오른 의제일수록 토론을 활성화해 구체적인 정책으로 만들어가는 것도 민주사회에선 매우 장려돼야 할 일이며, 이는 헌법에서 보장된 기본권이다.

나는 유권자들의 표현의 자유와 자유로운 정치참여 그리고 정책 캠페인의 정당성을 위해 상고했고 선거법 개정운동을 펼쳐나갔다. 그러나 상고심 결과는 기각. 법원은 나에게 결국 유죄를 선고하고 말았다.

배옥병을 말한다

기후위기 시대의 먹거리 운동가, 배옥병

이혜원

(대진대학교 교수)

　기후위기는 더 이상 부정하기 힘든 현실이 되었다. 지난 몇 달 동안 영국, 프랑스, 캐나다, 아일랜드, 오스트리아, 아르헨티나 등의 나라들이 연이어 '기후비상사태'를 선포했다. 세계 주요 식량생산국들이 기상이변으로 인한 작황 저조로 식량을 수출할 수 없는 상황이 빈번해지면서 글로벌 식량공급망이 출렁이고 있다. 기후변화의 파장으로 인류가 섭취하는 칼로리의 50% 이상을 제공하는 주요 곡물 생산국들의 농업이 동시다발적으로 실패하는 상황이 발생할 수 있다는 우려까지 확산되고 있다. 그럼에도 불구하고 한국은 여전히 식량의 대부분을 수입에 의존하며 OECD 최하위권의 식량자급률을 벗어나지 못하고 있다.

　이러한 상황에서 배옥병의 행보를 주목하게 된다. 그는 먹거리 문제는 곧 환경문제이며 그 해결방안 역시 우리가 매일 먹는 밥상에 있다는 것을 분명하게 인식하고 있기 때문이다. 배옥병을 따라다니는 노동운동가, 여성운동가, 먹거리 시민운동가 등의 수식어들은 얼핏 보면 서로 다른 것 같지만 사실은 동일한 믿음에 기초해 있다. 즉, 국가가 인간의 가장 기본적인 권리를 보장해야 한다는 신념에서 출발한 것이다. 그 신념은 친환경 무상급식운동을 견인해온 지난 20여 년 넘게 특정 그룹의 인권과 복지를 대변하는 차원을 넘어 '환경이 망가진 국가는 누구의 인권도 보장하지 못한다'라는 보편적인 인권의식으로 발전한 것으로 보인다.

기후위기 시대가 요구하는 확장된 인권의식을 바탕으로 친환경 급식을 넘어 전 국민의 먹거리 기본권 보장이라는 새로운 비전을 설정한 배옥병은 먹거리와 인권과 환경이라는 세 마리 토끼를 동시에 잡기 위해 40년이 넘도록 싸우고 있다. 타고난 실천가로서의 삶에서 체득한 노하우들을 모두 쏟아내고 있다.

그가 끊임없이 자신에게 되물었으면 하는 질문 몇 가지를 던지는 것으로 배옥병이 꿈꾸는 먹거리 민주주의에 대한 기대와 응원을 대신하고자 한다.

첫째, 배옥병의 세상을 바꾸는 밥상은 깨끗한 물과 건강한 토양을 지키는 데 도움이 되고 있는가.

둘째, 배옥병의 세상을 바꾸는 밥상은 농부들에게 지구를 살리는 친환경 유기농업을 실천할 충분한 동기를 부여하고 있는가.

셋째, 배옥병의 세상을 바꾸는 밥상은 한국의 식량 자급률을 높이는 데 도움이 되고 있는가.

넷째, 배옥병의 세상을 바꾸는 밥상은 먹거리의 생산·유통·판매 과정에서 배출되는 탄소와 플라스틱의 양을 줄이는 데 실질적인 기여를 하고 있는가.

다섯째, 배옥병의 세상을 바꾸는 밥상은 잘못된 밥상이 지구를 병들게 한다는 사회적인 인식을 확장하기 위해 충분히 노력하고 있는가.

이 다섯 가지 질문은 배옥병이라는 훌륭한 운동가를 비롯해, 더 나아가 배옥병이 바꿔나가려는 우리 사회 모두에게 던지는 질문이라 하겠다.

배옥병을 말한다

엄마의 마음으로,
함께 이룬 친환경 무상급식

김오열
(충남먹거리연대(준)기획위원)

학교급식은 이제 우리 사회 먹거리 현실의 지표가 되었다

"아이들에게 건강을, 농민에게는 희망을"

이 학교급식운동의 슬로건은 2006년 학교급식법 개정을 이끌어냈다. 안전하고 건강한 우리나라 농산물이 학교급식에 제공되어 식량 자급률을 높일 수 있다는 인식이 농민 및 시민사회 운동으로 확산되면서 전국적인 학교급식운동의 구호가 되었다.

엄마의 마음으로 전국의 학부모들이 참여했고 전국의 농민들이 동참했다. 전국적으로 학교급식법 개정을 위한 300만 명 이상의 서명과 거리 캠페인 등이 펼쳐지며 우리 사회 풀뿌리 민주주의의 이정표가 되었다.

이제는 전국의 모든 초중고교의 72%가 무상급식을 실시하고 있다. 학교급식을 넘어 결식아동 및 독거노인들에게도 친환경 로컬푸드 공공급식을 제공하자는 의식이 확산되고 있다. 이러한 우리 사회 먹거리의 꿈과 희망을 현실화한 이가 배옥병이다.

항상 엄마의 마음으로, 엄마의 눈으로 아이들의 밥상을 바라보고 엄마들이 꿈꾸는 학교급식을 만들어 왔다.

"학교급식 맛있어요" "우리 집보다 더 좋아요"라는 학생들의 반응은 이제 학교급식만큼 우리 사회 먹거리가 달라졌으면 한다는 희망이 담겨 있다. 이제 학교급식이 우리 사회 먹거리 현실의 지표가 된 것이다.

2011년 서울시 무상급식 주민투표, 정점이 되다

2010년 지방선거에서 친환경 무상급식을 공약으로 내건 자치단체장과 교육감, 지방의회 의원들이 전국적으로 대거 당선되면서 무상급식은 시대적 흐름이 되었다. '선택적 복지냐 보편적 복지냐'라는 사회적 논쟁을 넘어 학교급식만큼은 정치적 논리로 해석하지 말고 엄마의 마음으로 바라보자는 사회적 공감대가 형성된 것이다. 그런데 2011년 서울시 오세훈 시장의 무상급식에 대한 주민투표 제기는 '망국적 무상쓰나미'라는 언론의 표현처럼 보수진영의 무상급식 잠재우기 전략이 되면서 전국적인 관심사가 되었다.

결과는 유효 주민투표 최소요건인 33% 투표율이 나오지 않아 폐기되었다. 엄마의 마음으로 바라본 무상급식에 시민들이 공감한 것이다. 그 중심에 배옥병이 있었다. 지극히 왜곡되고 불순한 의도로 정치적 논쟁을 일삼는 식품자본과 보수언론과 정치인들이 흔들기를 계속했지만 그녀는 엄마의 눈으로 오로지 아이들의 먹거리를 위해 흔들림 없이 추진했다.

한정된 예산이기에 친환경 무상급식은 어렵다는 주장과 저소득층 아이들의 급식을 우선 추진해야 한다는 주장, 값싼 식재료로 학교급식을 해도 건강에 문제없다는 주장 등등 온갖 흔들기 주장에도 그녀는 오로지 엄마의 눈으로 아이들의 건강과 안전을 위한 학교급식의 정착을 위해 뛰었다. "교육이 국가의 의무라면 최소한 학교에서는 교육의 일환으로 급식을 국가가 책임져야 하지 않는가"라고 목소리를 높였다. 항상 그녀는 행복한 밥상을 차려주고 싶은 엄마의 마음으로 다가섰다.

농민들도 함께한 친환경 무상급식

학교에서 먹는 아이들의 급식은 이윤추구를 위한 저질 식재료가 아닌 생명과 환경을 고려하는 건강하고 안전한 최고의 식재료가 제공되어야 한다. 학부모 마음이자 농민들에게도 공감되는 내용이다. 그녀는 농부 최고의 자부심으로 만드는 친환경 농산물이 아이들의 몸과 마음을 살리고 농업·농촌·농민의 관계를 아이들이 인식하고 공감하는 계기를 만들어 준다고 믿는다. 영양적으로나 정서적으로 행복한 밥상은 농부의 마음을 이해하는 가치인식부터 출발하기 때문이다.

그러기에 그녀는 학교급식에서 농업·농촌이 도시와 함께 상생하는 시스템 구축이 무엇보다 중요하다고 생각한다. 친환경 무상급식은 농업·농촌의 친환경 생산기반이 없이는 불가능하기 때문이다.

우리 농업이 붕괴되는 현실에서 친환경 무상급식은 농민들에게 기댈 언덕이 되고 있다. 글로벌 먹거리 시스템에 의한 농산물 수입개방이 전면화된 현실에서 최소한의 식량 자급률을 높이고 고령·소농가의 소득을 보장할 수 있는 길인 것이다.

먹거리 정치, 민주주의 실현

이제, 엄마의 마음으로 친환경 무상급식을 일궈온 배옥병이 먹거리 정치에 나선다. 투쟁의 역사를 살아온 그녀이기에 먹거리 주권 찾기를 실현할 것이라고 믿는다. 누구보다도 엄마의 마음, 농부의 마음을 이해하고 함께 눈물 흘려온 그녀이기에 나는 확신한다. 또다시 우리 사회 먹거리운동 역사를 만들 것이라고.

우리 사회 먹거리 시스템은 농민, 사회적 약자, 어린이, 노인 등을 배려하지 않는다. 오로지 이윤 중심의 대기업 자본에 의해 착취되는 구조일 뿐이다. 그런 면에서 친환경 무상급식을 위한 그녀의 투쟁의 역사는 우리 사회를 바꿨고 시민들의 마음에 당연한 먹거리 기본권으로 받아들이게 했다. 그녀의 먹거리 정치는 민주주의의 확장과 먹거리 정의 실현의 출발이 될 것이다.

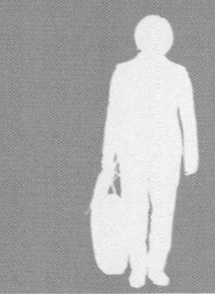

배옥병의 세상을 바꾸는 행복한 밥상

III

밥상으로 세상을 바꾸자
남아 있는 정책과제

먹거리의 불안과 위기는 우리 생명 유지에 가장 치명적인 불안이며 생존의 가장 근본적인 위기라는 데 그 문제의 심각성이 있다.

먹거리가 세상을 바꾼다

학교급식운동이 시작된 지 20년, 친환경 무상급식을 위해 달려온 세월이었다. 아이들에게 건강하고 행복한 밥상을 차려주기 위해, 눈칫밥이 아니라 모두가 평등하게 누릴 수 있는 밥을 주기 위해 달려온 시간이었다. 그동안 학교급식법을 개정하고 친환경급식지원조례를 만들어 아이들 밥상을 친환경 먹거리로 차릴 수 있게 되었다. 현재 전국 대부분의 초중고교에서 친환경 무상급식을 시행하고 있다.

이 변화의 시작과 중심에는 늘 많은 국민의 참여가 있었다. 전국에서 300만 명이 학교급식법 개정을 위해 서명하고 거리에서 행진하기를 마다하지 않았다. 학교급식 조례를 제정하기 위해 주민발의에 나선 수백만 시민들의 땀과 정성이 있었다. 풀뿌리 민주주의의 대장정이었다. 이야말로 보편적 복지의 첫발을 내딛게 한 위대한 시작이었다.

되돌아보면, 아이들에게 건강한 밥을 먹이는 문제가 그토록 힘든 것이었는지, 마음먹기에 따라 얼마든지 쉽게 할 수 있었던 일이 아니었는지 싶어 회한에 잠기곤 한다. 그리고 이만큼이라도 만들어온 우리 모두가 대견하고 자랑스럽다.

2015년 6월 25일 친환경 무상급식 관련 국회전시회

2012년 (사)희망먹거리네트워크 상임대표에 이어 2017년 서울시 먹거리정책 자문관을 맡게 되었다. 지방정부와 함께 지속 가능한 먹거리 정책을 펼치는 데 혼신의 힘을 다하는 중이다. 특히 먹거리 기본조례제정, 먹거리시민위원회 구성에 이어 도농상생 공공급식을 모범적으로 운영한 것이야말로 먹거리 기본권과 참여민주주의, 거버넌스에 대한 간절한 꿈이 현실화한 것이다.

　도농상생 공공급식은 도시에 안전하고 질 좋은 먹거리를 공급하고, 농촌의 중소 가족농에게는 소득을 보장하는 혁신적 대안이다. 서울의 사례를 지켜본 다른 지역에서도 앞다투어 정책을 배우고자 하는 열의를 보여줬다. 나는 서울에 이어 부산 등 전국 각지의 다양한 지자체와 긴밀히 교류하며 체계적인 지역맞춤형 푸드플랜을 디자인해 나가고 있다.

　2012년부터 2017년까지의 친환경 무상급식 성과를 담은 '서울시 친환경 무상급식 성과백서'에 따르면 생산유발효과 1조 49억 원, 부가가치 유발효과 4,131억 원, 취업유발효과 2만 5,500명 그리고 중소가족농의 증가라는 알차고 풍성한 정책효과를 확인할 수 있다. 먹거리전략은 먹거리를 넘어 하나의 국가 성장전략으로서도 빛나는 가치를 증명하고 있다.

　2018년, 서울시는 파리·런던·뉴욕 등 세계 62개국 163개 도시가 참여한 '밀라노 도시 먹거리 정책협약'(MUFPP)에서 쟁쟁한 선진국들을 제치고 도농상생 공공급식으로 특별상을 수상했다. 서울시의 탁월한 먹거리전략이 세계적으로 인정받은 결과

2014년 10월 31일, 친환경 공공급식 후원행사 (서울시청)

이다. 여기에 조금이나마 도움이 된 것 같아 가슴 뿌듯하다.

이제 나의 발걸음은 현재에 멈추지 않고 '지속가능'이라는 철학 아래 미래의 먹거리 전략인 기후변화 대처로 향하고 있다. 선진국들은 이미 UN의 지속가능발전 목표와 밀라노협약의 정신 아래 십 년 후를 내다보고 발 빠르게 움직이는 중이다. 우리나라도 서둘러야 한다. 적절한 먹거리 접근성과 지속가능한 푸드시스템의 확립, 소농 생산성과 소득 배가 등 주요원칙 아래 탄소감축, 온실가스 배출 저감, GMO, 방사능, 포장용기 전환, 지하수 오염 방지 등의 실행방안을 포괄적으로 아우르는 마스터플랜과 실행능력이 필요하다. 지구를 살리는 밥상 공동체의 꿈, 이 일은 내 필생의 사업이다.

농부의 딸로 태어나 겪은 가부장적 가정환경, 치열하게 싸워왔던 노동운동의 기억 그리고 친환경 무상급식으로 대표되는 먹거리운동은 내 일생을 정의하는 3가지 키워드이다. 또 옳다고 여기는 것이라면 지체 없이 밀고 나가는 나만의 뚝심은 인생의 곳곳에서 시련을 돌파하는 든든한 지원군이 되어 줬다.

어린 여성노동자로서 노동운동을 갓 접하던 시절, 전태일 열사의 자필 일기에서 접했던 이야기는 죽는 날까지 잊을 수가 없을 것이다. 미아리에서 평화시장까지 2원짜리 버스비를 아껴 걸어와 풀빵을 사서 점심을 굶는 어린 여성 노동자들에게 나눠주었다는 대목이다. '풀빵정신'은 전태일 열사의 인간에 대한 사랑과 존중 그리고 실천의 면모를 보여준다. 노동운동은 물론 시민운동을

2014년 12월 9일, 쌀 비소오염문제 관련 국회토론회

하던 시기에도 내게 잊을 수 없는 묵직한 울림을 남겨 주었다.

또한 노동운동을 통해 체득한 '대중운동의 위력에 대한 믿음' 역시 빼놓을 수 없는 요소이다. 1,200명 여성노동자 앞에서 육성 연설을 하고 '쨍하고 해 뜰 날'을 부를 때의 전율, 그 강렬한 기억이 일생을 지배하며 운동의 원칙과 방향을 바로잡는 데 역할을 했다. 그 노래의 가사처럼 대중성을 지팡이로 삼아 '꿈을 안고' 지내면서 '슬픔도 괴로움'도 모두 물리칠 수 있었다.

내가 엄마들과 함께 아이들에게 준 것은 고작 작은 밥상 하나였다. 그런데 아이들은 우리에게 온 세상보다 더 큰 감사를 가르치고 있다. 행복한 일이다. 나는 모든 학교에서 차별 없는 밥상이 차려지고 더 나아가 온 국민의 행복한 먹거리가 지속가능하게 유지될 수 있는 그 날을 꿈꾸며 다짐한다. 첫 마음으로 다시 시작하자. 그리고 우리 다 같이 평등한 세상에서 활짝 웃자. 그날이 오면 세상에서 가장 큰 밥상에 모두 둘러앉아 즐겁게 밥을 나누고 싶다. 상상만으로도 눈물이 난다.

먹거리 시스템의 불안과 위기

우리는 친환경 무상급식을 통해 학교급식 시스템을 바꾸었다. 여기서 조금만 더 생각해보면, 학교급식 시스템의 온전한 변화는 단지 학교급식 시스템의 변화만으로는 불가능하다는 결론에 맞닥뜨리게 된다. 학교급식 시스템은 우리 사회 먹거리의 생산·유통·소비라는 더 큰 먹거리 시스템의 일부분이기 때문이다.

2017년, 도농상생 공공급식 협약식에서의 비빔밥 퍼포먼스

우리 사회의 전체 먹거리 시스템의 변화 없이는 학교급식 시스템의 의미 있는 성과도 궁극적으로는 지속하기 어려울 수 있다.

그러나 전체 먹거리 시스템의 변화가 먼저 이루어져야 학교급식 시스템의 변화도 따라올 것이라고 생각하는 것은 잘못된 접근이다. 오히려 그 반대로 학교급식 시스템을 바꾸는 과정을 통해 전체 먹거리 시스템의 변화도 촉진할 수 있기 때문이다.

우리의 먹거리와 관련된 핵심적인 고민은 '불안'과 '위기'라는 두 단어로 압축할 수 있을 것이다. 비단 아이들뿐만 아니라 우리 사회 전체의 먹거리 안전이 위협받고 있으며 식품이 원인이 되는 각종 질병으로 불안해하고 있다. 이대로 가다가는 먹거리 총량이 절대적으로 부족해질 뿐만 아니라 먹고 싶은 것을 먹을 수 없는 상황, 폭등하는 농산물 가격에 의해 제대로 먹을 수 없는 상황에 직면하게 될 것이다. 먹거리의 불안과 위기는 우리 생명 유지에 가장 치명적인 불안이며 생존의 가장 근본적인 위기라는 데 그 문제의 심각성이 있다.

우선 먹거리가 방사능 오염, 식품첨가물, GMO, 항생제 등으로 인해 불안하다. 거기에 더해 생산·유통의 불안정과 가격 폭등 등이 날로 심각해지고 있다. 안전하고 건강한 먹거리가 제대로 공급되고 있지 못한 것이다. 세계적 식량위기, 식량자급도 하락, 식량주권 훼손, 농업의 몰락 등이 위기의 징표이자 위기의 본질이다. 먹거리를 둘러싼 이러한 불안과 위기의 원인을 이해

서울시청에서 열린 어린이날 행사에 참가한 어린이
아이들의 건강한 먹거리는 우리사회의 미래다

하고 새로운 대안을 마련하기 위해서는 먹거리의 생산·유통·소비의 사회적 구조인 먹거리 시스템에 대한 이해에서 출발해야 한다. 먹거리 시스템에는 한 나라의 국민에게 공급되는 식재료의 재배, 수확, 가공처리, 포장, 운송, 판매, 소비 그리고 식품과 관련 물품의 폐기까지 모든 과정이 포함된다. 먹거리 시스템은 한 사회의 사회적·정치적·경제적 구조에 의해 조성되고 그 안에서 작동한다. 먹거리는 농업과 불가분의 관계에 있기 때문에 농식품 시스템 또는 농식품 체계로 부르기도 한다.

우리가 지금 느끼는 먹거리에 대한 불안과 위기감은 우리의 먹거리 시스템의 불안과 위기이다. 따라서 불안과 위기에 처한 먹거리 시스템의 근본적인 전환 없이 농민들의 선구적 노력이나 소비자의 현명한 선택만으로 이를 해결하려 하는 것은 의미 있는 시도이긴 하지만 온전한 해결책이 될 수 없다. 또한 먹거리 시스템의 획기적인 전환 없이 농산물의 자유무역 확대나 수입 농산물에 의존하여 식량위기를 넘어서려는 시도는 늪으로 빠져드는 결과를 가져올 뿐이다. 식량위기는 바로 현재의 지배적인 먹거리 시스템인 글로벌 먹거리 시스템의 구조적 문제에 의해 촉발되고 가속화되고 있기 때문이다.

우리 먹거리 시스템의 문제의 핵심이 불안과 위기라면 그 대안 또한 명확하다. 우리 사회의 먹거리 시스템을 전환해야 한다는 결론에 이르기 때문이다. 이는 곧 안전하고 건강한 먹거리를 보

2018년 10월 13일, 밀란팩회의

장하는 새로운 먹거리 시스템으로 바꾸는 것이고, 식량위기를 넘어설 수 있도록 충분한 먹거리를 안정적으로 공급하는 먹거리 시스템을 만들면 되는 것이다. 즉 현재의 지배적인 글로벌 먹거리 시스템을 대체하는 대안적 먹거리 시스템 구축에 나서는 것이다.

위기의 시대, 무엇을 할 것인가

안전하고 건강한 먹거리에 대한 열망은 우리의 본능이다. 농약과 화학비료가 들어가지 않은 유기농산물이 좋다는 것을 우리 모두 알고 있다. 하지만 공급량이 적어 구하기도 쉽지 않고 일반 농산물에 비해 비쌀 뿐 아니라 소비자의 신뢰도 그리 높지 않다. 몸에 좋은 식재료를 쉽고 싸게 신뢰를 갖고 구매하는 것이 왜 어려울까. 우리의 농업은 왜 유기농산물 생산을 전폭적으로 늘리지 못하는 것일까. 이러한 문제에 대한 논의를 위해서는 바로 먹거리 시스템의 현실을 이해하고 그 구조적인 문제점이 무엇인지를 살펴봐야 한다. 이뿐만이 아니다. 우리가 먹는 식품의 영양, 건강하고 안전한 식재료, 농업의 지속가능성, 식량주권, 지역경제 발전 등을 논의할 때도 반드시 먹거리 시스템에 대한 논의로 이어질 수밖에 없다.

먹거리 시스템은 우리가 '어디서 무엇을 어떻게 먹을 것인가'를 규정하고 먹거리의 종류와 양과 수준을 결정하고 소비의 방법과 비용과 질 그리고 안전성과 건강을 결정하는 시스템이다. 먹거

2019년 10월 28일, 서울에서 열린 지구밥상 실천서약식에 참여한 각계인사들

리 시스템은 크게 관행적 먹거리 시스템과 대안적 먹거리 시스템으로 구별된다. 관행적 먹거리 시스템은 현재 우리의 지배적인 먹거리 시스템으로, 낮은 가격에 더 많은 농산물을 공급하는 것을 최우선의 원리로 하는 시스템이다. 자본주의의 발전과 함께 식재료를 시장에서 상품으로 구매하는 식으로 해결하는, 너무도 익숙한 방식이다. 이러한 시장의존형 상품으로서의 농산물 공급 체계는 당연히 대규모 산업형 농업으로 이어졌고 국경을 뛰어넘는 농산물 무역을 통한 글로벌 농식품 시스템을 만들었다.

산업형 농업은 대규모화, 단작화, 자본화, 기계화, 석유의존을 통해 작동되고 있다. 즉 대량생산과 대량운송, 대량소비에 최적화된 형식으로 발전하게 된 것이다. 아울러 이러한 산업형 농업의 발전은 자연스럽게 글로벌 먹거리 시스템으로 자리 잡게 되는데 이는 종자를 포함한 먹거리의 생산·유통 전반에 걸쳐 무역에 전적으로 의존하게 만들었다. 선진국과 제3세계의 농업에서 노동분업이 자리 잡게 되었고, 세계 식량시장을 지배하는 다국적 기업들의 독과점 구조도 탄생하게 된 것이다. 현재 전 지구적으로 10억 명 이상이 절대적인 기아상태에 있다. 기아로 인해 매일 1만 명의 사람들이 목숨을 잃고 있으며 수많은 사람이 만성적인 영양실조와 질병으로 인해 고통받고 있다. 대규모 식량 생산에도 불구하고 기아인구가 줄지 않는 것은 식량의 부족과 배분 방식 때문이다. 지구온난화로 인한 기상이변은 농업생산력을 급속히 떨어뜨리고 매년 식량 생산량을 요동치게 만든다. 기후위

2019년 6월 5일, 부산 식생활교육네트워크 워크숍

기는 절대적인 식량 총량의 감소를 가져와 기아인구의 증가에 영향을 미치고 식량생산기반의 붕괴를 가져온다. 광우병, 조류독감, 축산물과 관련된 전염병은 식량생산을 급격히 줄일 뿐만 아니라 이를 먹는 소비자들에게 커다란 위험으로 다가온다. 대량생산 시스템으로 촉발된 유전자조작식품(GMO), 농약의 과도한 사용과 잔류농약, 유통·가공 과정에서의 각종 항생제, 성장호르몬, 식품첨가물 등은 식품안전에 결정적인 위기를 가져온다. 비만과 당뇨, 패스트푸드와 정크푸드 과다섭취, 채소와 과일의 과소섭취 문제 등이 매년 증가하고 있다. 특히 아동 비만의 확산과 저소득층의 비만 증가는 커다란 사회문제로 부상하고 있다.

글로벌 먹거리 시스템이 직면한 위기는 농산물의 수급불균형 같은 일시적인 위기가 아니라 본질적인 차원의 위기이다. 먹거리의 양과 질 두 가지가 모두 위기이다. 양적인 위기는 전체적인 식량 총량이 부족한 것이고, 생산량과 밀접한 관계가 있는 가격의 폭등 문제를 말한다. 질적인 위기는 먹거리의 안전과 건강의 문제, 농업의 지속가능성 문제이다.

먹거리 시스템의 위기는 날로 복합적인 성격을 띠며 농업생산의 지속가능성을 위협하고 있다. 더불어 소비자의 건강한 삶도 위태롭게 하고 있다. 따라서 환경, 건강, 농민의 생계, 지역공동체의 몰락, 식량접근성의 문제를 종합적으로 생각하면, 우리는 지금 글로벌 먹거리 시스템의 획기적인 전환이 절대적으로 필요한 시기에 와 있다. 이제 어떻게 할 것인가.

2019년 11월 9일. 박원순 서울시장과 청년 농업인 도농상생 토크콘서트

[자료]

서울시민 먹거리기본권선언

서울시민 모두는 건강하고 안전한 먹거리를 누릴 권리가 있습니다. 서울시민 누구도 경제적 형편 때문에 굶거나 질이 낮은 먹거리를 먹게 되는 일이 없어야 하고, 사회·지역·문화적인 문제로 건강하고 안전한 먹거리에 접근하는 데 곤란을 겪지 않아야 합니다. 서울시민은 먹거리 기본권을 보장받아 건강하고 풍요로운 삶을 영위할 수 있어야 합니다.

우리는 먹거리의 접근성, 안전성, 지속가능성을 높이는 일이 사회적 책임임을 인식하고, 먹거리 기본권이 보장되는 '지속가능한 서울 먹거리 체계'를 만들어가기 위해 다음을 선언합니다.

1. 먹거리가 사회, 경제, 건강, 환경, 문화 등 폭넓은 영역에 상호연계되어 있음을 인지하고 먹거리의 생산, 유통, 소비, 처리 단계를 아우르는 조화로운 서울 먹거리 체계를 만들어가겠습니다.
2. 모든 시민, 특히 경제적 취약계층과 건강 취약층이 신선하고 영양이 충분한 먹거리에 쉽게 접근할 수 있도록 공공급식분야에서 지원을 적극적으로 하는 서울 먹거리 체계를 만들어가겠습니다.
3. 서울시민, 나아가 전 국민과 미래세대의 식량보전을 위해서 농촌과 농업의 지속가능성이 전제되어야 한다는 점을 자각하고, 중소가족농을 배려하는 도농상생형 서울 먹거리 체계를 만들어가겠습니다.
4. 먹거리에 대한 시민의 불안을 해소하고, 시민의 건강을 증진시키는 안전하고 건강한 서울 먹거리 체계를 만들어가겠습니다.
5. 보건·복지·고용·주택·도시 등의 정책과 결합된 통합적 먹거리 정책을 통하여 더욱 공정하고 정의로운 서울 먹거리 체계를 만들어가겠습니다.

6. 먹거리의 생산부터 폐기까지 전 과정에서 다양한 분야의 협동조합, 마을기업, 사회적기업 등이 함께 참여하는 먹거리 체계를 만들어가겠습니다.
7. 생물 다양성을 보전하고 기후변화에 대응할 수 있도록 친환경적이며 생태계 보전을 고려하는 서울 먹거리 체계를 만들어가겠습니다.
8. 먹거리는 개인과 집단, 사회의 정체성을 표현하는 주요한 수단임을 인지하고 서울시민의 음식문호를 계승·발전시키며, 세계의 다양한 음식문화가 서울에서 공존할 수 있도록 포용력 있는 서울 먹거리 체계를 만들어가겠습니다.
9. 지속가능한 서울 먹거리 체계를 운영하기 위한 제도적 기반을 마련하고, 시민이 폭넓게 참여할 수 있게 하며, 다양한 이해 당사자 간 가치를 공유하여 실효성 있는 협치 서울 먹거리 체계를 만들어가겠습니다.

2017년 6월 20일

먹거리 기본권의 보장

어쩌다 나는 먹거리운동에 뛰어든 것일까. 돌이켜보면 '운명'이라는 생각이 강하게 든다. 어쩌면 삶의 자연스러운 귀결이라 말할 수도 있겠다. 나뿐만 아니라 가난한 농촌에서 태어난 우리 세대의 꿈은 '배불리 먹는 것'이었다. 기름진 쌀밥에 고기 한 점 없어 먹는 그 작은 소망 하나를 이루기 위해 쉬지 않고 달려온 세월이었다.

열악한 노동환경 속에서 저임금 장시간 노동에 시달릴 때도 나의 꿈은 '제대로 된 밥'을 먹는 것이었다. 그것의 다른 표현이 임금인상, 인간적인 대우, 노동조건 개선이었다. 평생 누구 앞에 나서본 적 없는 내가 노동자들을 조직하고 노동조합을 결성하고 감옥에 간 것도 따지고 보면 '밥' 때문이었다.

아이들에게 좋은 밥 먹이고 싶은 소박한 소망 하나가 나를 여기까지 이끌었다. 학교급식에서 공공급식으로, 도시와 농촌이 다 함께 상생하는 밥상을 꿈꾼다. 대한민국 사람이라면 누구나 좋은 밥을 먹을 수 있는 사회가 되면 좋겠다. 나아가 북한 동포를 포함해 세계 인류 그 누구도 굶지 않는 세상을 간절히 원한다.

처음에는 몰랐지만 밥에 모든 것이 담겨 있다는 사실을 새삼 깨닫는다. 밥상 하나 차려지기까지 얼마나 많은 이들의 수고로움과 노동이 더해졌겠는가. 그 밥이 내 부모를 기르고 나를 기르고 내 아이를 길렀다. 우리의 과거와 현재가 그랬듯이 미래도 밥이 만들 것이다. 좋은 밥이 좋은 미래를 만든다. 나는 모락모락 피어오르는 따뜻한 밥의 온기처럼 이 세상이 훈훈해졌으면 하는 그 소망 하나로 지금까지 살아왔다. 모두에게 품격 있는 밥상을 차려주고 싶다.

좋은 밥상이 좋은 세상을 만든다. 세상을 바꾸는 행복한 밥상, 좋은 밥상이란 무엇이며 어떤 것이어야 할까. 무엇보다 건강하고 안전한 먹거리를 차별 없이 보장받는 평등한 밥상, 건강한 밥상이 좋은 밥상이며 행복한 밥상이다. 곧 '국민이면 언제 어디서

나 건강하고 안전한 먹거리를 안정적으로 확보할 수 있는 권리'를 보장받는 것이다. 이를 '먹거리 기본권'이라 부른다.

'모든 사람이 건강한 삶을 영위하기 위해 안전하고 영양이 풍부한 먹거리를 연령, 성별, 물리적·사회적·경제적 여건에 따른 차별 없이 개인의 취향에 따라 확보할 수 있는 진정한 먹거리 보장'이 중요하다. 그래서 진정한 국민의 먹거리 기본권 보장을 국가적으로 어떻게 실현할 것인가가 현대사회에서 중요한 국가적 책무가 되고 있다.

국민의 먹거리 보장에 대해서는 이미 유엔에서도 인간의 기본권으로 규정하고 각 나라들이 그 책무를 다할 것을 권고한 바 있다. 지난 1966년 유엔의 '경제·사회·문화적 권리에 관한 국제협약'은 먹거리 기본권(right to food)을 인간의 기본권으로 규정했다. 한국은 1990년에 이르러서야 이 협약을 수용했지만, 실제 국내 정책에서는 극히 미흡한 상태이다. 2004년에는 먹거리와 농업에 관한 유엔 상설기구인 유엔 식량농업기구(FAO, Food and Agriculture Organization)가 국민의 먹거리 기본권 보장을 각국에 권고한 이후 국제적 대안 패러다임으로 안착해가고 있다.

농촌과 도시가 상생하는 공적 조달체계를 통해 건강하고 안전한 먹거리가 국민 모두에게 안정적으로 수급되는 먹거리 체계를 만드는 것은 선진 각국의 핵심 국가정책이자 지역정책이 되고 있다. 최근 FAO에서도 특히 '지속가능한 먹거리체계를 위한 농도

(農都) 연계 정책'을 강조하며 각국에 권고하고 있다.

우리나라도 이에 호응해 발 빠르게 움직이고 있다. 나는 그동안 서울시의 먹거리정책 자문관으로서 먹거리정책(특히 도농상생 공공급식 정책)을 수립하기 위해 전국을 다니며 조사하고 연구해 왔다. 그런 노력의 결실로 먹거리 종합계획인 '지역 푸드플랜'이 만들어지고 주민의 먹거리 기본권 보장을 위한 도농상생 공공급식 정책이 조금씩 실현되어가고 있다. 다행히 촛불시민혁명으로 탄생한 문재인 정부도 국민과 지역주민의 먹거리 기본권 보장을 위해 종합적·체계적인 정책계획이자 정책추진체계인 국가 푸드플랜과 지역 푸드플랜을 국정과제로 추진하고 있다.

2019년 12월 12일, '농정틀 전환을 위한 2019 타운홀미팅 보고대회'에 참석한 문재인 대통령은 '사람과 환경 중심의 농정 구현' 제시와 함께 '푸드플랜을 통한 국민 모두의 먹거리 보장'을 핵심 과제로 제시하고 추진을 약속한 바 있다.

그동안 국민의 먹거리 기본권 보장을 위해 친환경 무상급식에 이어 서울시의 도농상생 공공급식, 더 나아가 푸드플랜의 성공적인 추진에 힘써온 나로서는 대통령이 국민의 먹거리 보장을 현 정부의 핵심과제로 약속한 데 대해 보람을 느끼며 더 열심히 해야겠다는 의지를 다지게 된다.

이제는 민생을 책임지고 균형발전과 도농상생 사회를 열기 위해 정책과 입법을 담당하는 국회가 발 벗고 나서야 할 때다. 그래서 행정부와 입법부가 관련 정책과 예산을 촘촘히 잘 수립해

먹거리 사각지대를 없애고, 국민 누구도 먹거리 불평등, 건강 불평등으로 인한 아픔과 사회에 대한 좌절을 갖지 않도록 해야 할 것이다.

좋은 밥상을 고민하는 정치

지난 수십 년 동안 우리 사회는 먹거리 문제를 개인과 가정의 책임으로, 시장의 영리추구 상품으로 치부해왔다. 아직도 이러한 잘못된 패러다임과 사고가 팽배해 있는 게 현실이다. 먹거리를 무한 이윤추구의 제물로 삼아 국민의 건강을 좀 먹고 농민과 도시 서민의 주머니를 털어가는 시장지상주의 먹거리 체계가 우리 앞을 가로막고 있다.

2000년대 들어 모든 것을 시장 중심, 개인 책임으로 돌리는 신자유주의 정책이 강화되면서 전 세계적 경기침체 속에 국내에서도 20대 80의 사회경제적 양극화가 심화하고 있다. 그 결과, 비정규직 노동자의 폭증과 사회 전반의 구매력 저하로 이어졌고 건강하고 안전한 먹거리를 통해 행복을 추구할 당연한 기본권마저 박탈당하고 있다. 곧 사회경제적 양극화와 불평등 심화가 곧바로 먹거리 불평등과 건강 불평등을 낳고 있는 셈이다.

잘못된 현실 속에서도 우리 지혜롭고 정의로운 국민은, 특히 학부모들은 가만히 앉아만 있지 않았다. 좋은 밥상을 누구나 차별 없이 누려야 한다는 먹거리 의제가 전 국민적 관심사가 된 데는 바로 친환경 무상급식 운동이 전기가 되었다. 이른바 '선별적 복지'와 수익자 부담으로 치부해오던 시스템에 강력한 문제 제기를 시작했다. 그 결과 위탁급식업체와 최저가 입찰 방식, 시장유통에 전적으로 맡긴 학교급식 시스템을 '보편적 복지'와 국가의 공동부담으로 직영급식으로 바꾸었다. 보다 건강하고 안전한 우리 먹거리, 즉 생산자의 이름을 걸고 길러내는 '얼굴 있는 지역 먹거리'를 안정적으로 조달하는 체계가 정착되었다. 하지만 아직 갈 길이 먼 것도 사실이다. 유전자조작 농산물과 화학 합성 첨가물, 제초제와 같은 화학 농약, 화학비료 등 인체에 유해한 식재료로 만든 가공식품을 완전히 통제하지는 못하고 있다.

이제 유초중고 학교급식에서 가공식품까지 건강하고 안전한 식재료를 사용하는 완전한 친환경 무상급식을 실현해야 한다. 이를 위해서 지방정부와 교육청이 식품비를 분담하는 현실을 근본적으로 혁파해야 한다. 우리 사회의 내일을 책임지는 미래세대가 전국 어느 곳에서 자라든 건강하고 안전한 먹거리를 안정적으로 보장받도록 해야 하는 것이다. 이제 미래세대와 국민의 건강하고 행복한 밥상을 국가가 기본적으로 책임지는 먹거리정책을 펼쳐야 한다.

나는 19대 국회 때부터 중앙정부의 재원 분담을 규정하는 학교급식법 개정을 위해 줄기차게 노력해왔다. 하지만 나의 간절한 호소는 예산타령에 번번이 가로막혔다. 이제는 국회가 국민의 먹거리 기본권 보장을 요구하는 학부모들의 요구와 국제 사회의 권고를 소중히 받들어야 할 때다. 식단의 40~45%를 차지하고 있는 가공식품까지 건강하고 안전한 우리 먹거리로 바꿔야 한다. 약 1조 5천억 원에서 2조 원 정도의 예산이면 충분하다. 이 정도 규모는 중앙정부 전체예산의 0.5%에 불과하다.

2020년 정부 예산은 2019년 예산의 9.1%(42조 7천억 원)가 증가한 512조 3천억 원으로 확정되었다. 여기에는 온갖 SOC 건설예산과 지역구 선심성 예산도 포함되어 있다. 증액된 42조 7천억 원의 5%만이라도 미래세대를 돌보는 데 배려했다면 얼마나 좋겠는가. 나는 이것을 돈이 아닌 인식의 문제로 본다. 영유아와 아이들, 청소년들에게 행복한 밥상을 차려준다면 우리 모두의 미래가 밝아질 수 있다. 아이들과 부모세대, 먹거리를 생산하는 농어촌과 도시가 행복하게 상생할 수 있는 것이다.

왜 우리는 국민에게 행복한 밥상을 차리는 데 집중하는 정치와 국회를 가질 수 없는가. 그것은, 국민의 먹거리와 민생을 돌보느라 밤을 지새우며 헌신하는 진정한 국민의 대리인, 민의의 대변인을 못 가졌기 때문이다. 드물거나 없었던 탓은 아닌지 반성하게 된다.

이제 우리는 국민의 행복한 밥상을 차리는 데 서로 경쟁하는 국회, 자라나는 미래세대의 건강한 성장과 행복한 밥상 차리기에 매진하는 국회를 가질 때가 되었다.

학교급식을 넘어 공공급식으로

공공급식은 도농상생급식이 중심이다. 도농상생급식은 먹거리의 공공성을 확보하고 도농상생을 선도하는 데 그 가치가 있다. 그 비전으로는 먹거리 소비도시의 안전한 먹거리 확보, 먹거리 소외지대와 소외계층 해소, 지속가능한 먹거리 체계 구축을 들 수 있다. 이러한 비전을 실현하기 위해 급식의 공공성·안전성·안정성을 확보하고 지속가능한 먹거리 공공조달, 도농상생을 통한 먹거리 조달을 이뤄내야 한다. 경쟁의 먹거리 체계에서 점진적으로 상생의 먹거리 체계로 전환해야 하는 것이다.

먹거리의 안전성을 확보하고 지속가능한 먹거리 체계를 확대하기 위해서는 도농상생의 원칙에 기반한 식재료 조달체계를 구축해야 한다. 생산자와 소비자의 관계성을 회복하고 새로운 가치사슬을 창출하며 도농상생의 새로운 모델을 만들고 발전시켜 나가야 한다. 이를 위해 안전한 식재료의 조달, 적정한 식재료 단가 유지, 중소 가족농 중심의 생산 조달체계의 구축, 공공급식에 사회적경제조직의 참여, 지역농정의 변화와 도농교류의 내실화를 실현해야 할 것이다.

유엔은 2015년 10월 지속가능개발목표 (SDGs : Sustain--able Development Goals)를 채택하였다. 그 주요 내용의 하나로 지속가능한 먹거리 체계를 회원국 정부에 권고하고 있으며, 지속가능한 먹거리의 우선 의제로 공공급식의 혁신을 제시하고 있다. 2015년 밀라노 엑스포에 참가한 51개국 117개 도시가 지속가능한 먹거리 체계를 발전시키기 위해 도시먹거리정책협약 (Urban Food Policy Pact)을 체결하였고, 서울시도 협약에 서명하고 지속가능한 먹거리를 위해 공공급식의 혁신을 추진하고 있다.

우리나라의 경우 친환경 무상급식의 성과로 급식의 공공성·안전성·안정성이 향상됨에 따라 이와 같은 학교급식의 성과를 공공급식의 영역으로 확대하는 것에 대한 시민의 관심과 의견이 높아졌고, 이어 공공급식의 혁신을 추진하게 되었다.

서울시는 대한민국의 수도이지만 먹거리의 생산기반이 취약하다. 따라서 도농상생을 선도하고 지속가능한 먹거리 체계를 강화하기 위해 산지와의 직거래를 통해 안전한 먹거리를 안정적으로 확보하고자 도농상생에 기반한 공공급식의 혁신을 추진하고 있다.

최근 지방자치단체 차원에서도 친환경 무상급식의 성과를 공공급식으로 확대하고 이를 지역차원의 지속가능한 먹거리 체계를 강화하는 것과 연계하는 사례가 확산되면서 서울시 공공급식 혁신에 많은 시사점을 제시하고 있다.

친환경 무상급식의 학교 시행 경험과 시스템을 바탕으로 삼아 이를 1천700만 명의 공공급식 대상으로 조속히 확대하는 정책이 필요하다. 2017년부터 서울시 먹거리정책 자문관으로 활동하면서 170만 명 규모의 서울시 공공급식에 '도농상생 공공급식' 제도가 안착하도록 힘을 쏟고 있는 것도 그 때문이다.

농림축산식품부의 조사결과에 따르면 공공급식은 임산부 영양 플러스사업, 저소득층과 독거 어르신들에 대한 식사 제공, 어린이집·지역아동센터·유치원 등 보육시설 지원, 어르신·장애인·여성 복지관 지원, 학교급식과 군대급식 등 대상자가 무려 1천700만 명에 이른다.

그동안 학교급식 시스템 운영과 서울시 도농상생 공공급식 제도 운영에서 축적해온 정책 경험을 바탕으로 공공급식까지 건강하고 안전한 우리 먹거리의 도농상생 공적조달체계를 구축하는 것은 21대 국회의 첫째가는 입법과제이자 문재인 정부의 핵심 먹거리정책 과제이다. 이를 위해 가칭 '국민건강·드농상생 공공급식법'을 만들어 이미 40여 개 지방정부에서 수립·추진하고 있는 지역 푸드플랜을 뒷받침해야 한다. 그리고 중앙정부 각 부처들의 공공급식 예산을 통합적·체계적으로 사용하는 것은 물론, 관련 예산 확대를 통해 국민의 행복한 밥상 차리기 정책이 국민에게 체감되는 민생개혁 정책으로 즉시 시행되도록 해야 한다. 공공급식법 제정은 21대 국회의 최우선적 과제이다.

밥의 눈으로 세상을 보라

국민에게 행복한 밥상을 제공하기 위해서는 먼저 각 부처와 지방정부에서 시행하는 먹거리 관련 정책·예산이 국가의 먹거리 종합전략(국가 푸드플랜) 속에 통합·연계되어야 한다. 현재는 국민의 정책 만족도가 극히 낮고 농어촌과 도시 간, 공급과 수요 간의 연계도 없거나 미약하며 관련 법령과 부처·부서들이 분산·난립·중복되어 있는 경우가 허다하다.

선진국에서는 진작부터 이러한 먹거리정책의 국가적 공동대응체제(국가 먹거리 종합전략)의 중요성을 인식하고 그 통합적 전략 설정과 실효성 있는 정책계획의 수립·시행에 나선 지 오래다. 우리도 늦은 감이 있지만 문재인 정부에서 국가와 지역 푸드플랜의 수립·지원에 적극 나선 것은 천만다행한 일이다. 세계적 기후위기, 자원위기, 식량위기가 현실로 닥치기 전에 국민의 일상에서 가장 중요한 먹거리 이수에 관한 국가적 공동대응체제를 하루빨리 구축해야 한다. 이제 먹거리정책에 대한 국가적 공동대응체제를 대통령이 직접 챙기고 전 부처가 국민과 함께 민관협치를 구축, 시행해야 한다.

나는 이와 같이 먹거리 이슈에 관한 국가적 공동대응체제의 구축을 '국민먹거리보장기본법(이하, 기본법)' 제정을 통해 보장해야 한다고 일찍이 제언한 바 있다. 이는 학교급식법 개정, 공공급식법 제정과 함께 3대 핵심 입법과제이다. 기본법은 국민 누구나 건강하고 안전한 먹거리를 안정적으로 보장받아 건강하게 행복을 추구할 권리(먹거리 기본권)를 보장하는 것을 국가의 기본 책무로 규정하는 데서 시작해야 한다.

또한 국민의 안전한 먹거리 보장을 위한 민관협치기구(국민먹거리보장위원회)를 대통령 직속으로 설치·운영해야 한다. 아울러 통합적 국민먹거리보장기본계획을 5년마다 수립하고 매년 그 실행계획의 이행을 점검하고 평가해야 한다. 위원회는 단순한 자문기구가 아니라 실행기구의 성격을 가져야 한다. 그리고 기초와 광역 지자체의 지역 푸드플랜 수립과 시행을 의두화하며 위원회가 각 중앙부처들과 함께 기초와 광역단위에서 수립하여 추진하고 있는 지역 푸드플랜을 실효성 있게 지원해야 한다. 특히 '국가푸드통합지원센터(또는 국민먹거리보장센터)' 같은 통합 실무기구를 설치·운영해야 한다. 위원회, 사무국, 지원센터는 철저히 민관협치로 운영되어야 하며 민간영역의 역량을 강화·촉진하는 역할을 해야 할 것이다.

나는 우리 사회가 보편적 복지국가 만들기에 더 적극 나서야 한다고 생각한다. 먹거리 문제는 우리 사회의 핵심 의제이며 당장 행동에 나서야 할 국민적 의제이다. 건강하고 안전한 먹거리의 안정적 공급(가능한 한 국내 자급력 제고), 이를 위한 극내 농어촌 재생과 농어민 기본소득 보장, 농어촌과 도시 간의 상생과 연대, 농어업과 제조업·서비스산업의 연계·발전 등이 국가의 혁신동력이자 우리 사회의 지속가능한 유지·발전의 핵심과제이다.

농어촌과 도시 간 상생과 포용, 생산자와 소비자 간 상생과 포용, 산업 간 상생과 포용, 이것이 바로 혁신의 길이다. 그 한복판에 바로 국민의 먹거리 보장이 있다. 이제 우리 극회는 민생에 철저히 임해야 한다. 자라나는 미래세대, 평생을 바친 어르신들, 우리 사회 먹거리 취약계층, 아이들을 건강하게 바로 키우고자 하는 부모님들의 간절한 바람과 요구에 답해야 한다.

  나는 그동안 현장과 정책 일선에서 수많은 학부모와 영양(교)사, 조리사와 지역 활동가를 만나왔다. 좋은 밥상, 행복한 밥상은 먼 데 있지 않다. 생각의 전환이 그 출발점이다. 생각을 바꾸면 새로운 세상이 열린다. 밥의 눈으로 세상을 보라. 그러면 참 세상이 열릴 것이다.

배옥병을 말한다

아이들에게 건강을, 농민들에게 희망을 주는 사람

허헌중
((재)지역재단 상임이사)

우리 사회가 좀 더 나은 방향으로 바뀌고 있다는 것을 체감할 수 있는 변화는 어디서 확인될 수 있을까. 큰 정치사회 구조나 경제구조의 변화에서도 올 수 있지만, 큰 변화일수록 상당히 긴 시간이 필요하다는 점에서 일상을 살아가는 이들에겐 일상의 구체적 삶의 변화만큼 생생할 수 없다. 친환경 무상급식운동은 그런 점에서 아마도 근대화 이후 국민의 삶에 생생한 실질적 변화를 가져온 최대의 사건으로 기록될 것이다.

친환경 무상급식운동은 아래로부터 대중운동으로 전개되어 작은 시골부터 대도시 나아가 국가정책까지 개혁한 보편적 복지운동이자 대중적 생활정치운동으로서 현재도 우리 사회를 더 나은 사회로 바꾸어가는 데 주요 의제 역할을 하고 있다.

이러한 시대적 의의를 지녔으며 지금도 현재진행형인 친환경 무상급식운동의 한복판에 배옥병 대표가 있다. 배 대표를 처음 만난 것은 2004~2005년 무렵이었다. 그곳은 생생한 역사의 한복판에서, 그가 기획하고 연대하고 정책화하는 급식운동의 현장이었다.

그가 하는 일에는 항상 몇 가지 공통의 원칙이 있었고 이는 지금도 유효하며 우리 사회의 진보에 역할을 하고 있다. 첫째는, 항상 대중 속에서 대중의 자각과 행동에서 시작하고 이어간다는 점이다. 오랫동안 노동운동, 여성운동, 교육운동을 해오면서 스스로 민중으로서 체득한 활동노선이었을 것이다. 주민발의 급식조례운동이 전국 곳곳에서 불타올랐을 때 이를 가능하게 한 집요한 불굴의 활동가 한 사람을 들라면 누구나 그이를 꼽는 데 이견이 없을 것이다.

둘째는 보편적 복지운동이자 대중적 생활정치운동으로서 친환경 무상급식운동의 시대적 비전, 생활적 좌표를 슬로건에 담는 탁월한 감수성과 명료한 전선(前線) 형성 역량이다. 그 슬로건이 바로 '아이들에게 건강을, 농민에게 희망을!'이다. 지난 반세기 동안 정치적으로나 생활적으로나 이 슬로건만큼 운동의 비전과 연대전선의 좌표를 명료하고 희망차게 담은 것을 보지 못했다. 정체불명의 식재료와 식중독사고, 최저가입찰의 수탈적 밥상으로 고통받는 아이들과 학부모들의 절실한 바람과 요구를 집약했다. 그리고 먹거리 생산현장

농민과 소비현장 국민 간의 상생과 연대의 중요성을 집약했다. 그이는 이제 '국민 모두의 건강'을, 그리고 '농촌에 희망'을, 나아가 '지구의 행복'을 이야기하고 있다. 이만큼 먹거리운동의 비전이자 목표를 명료하게 집약한 것이 있을까 싶다.

셋째는 항상 활동과정과 운동 흐름에서 함께 활동하는 사람들에게 쟁취해야 할 국민적 염원을 정책화하여 갈 길을 분명히 하는 데 특별한 지혜와 역량을 발휘한다는 점이다. 그 대표적 실천이 '국민먹거리보장기본법' 제정과 '전국먹거리연대' 결성 제언이다. 일찍이 2012년 대통령선거 때부터 친환경 무상 학교급식의 완전한 구축과 이에 바탕을 둔 공공급식확대 그리고 급식만이 아니라 '국민 모두의 먹거리 기본권 보장'을 주장하며 그 통합적 기본법 체계로서 '국민먹거리보장기본법'을 제안했다. 당시 몸담고 있던 희망먹거리네트워크 차원에서 법학자·전문가들과 법안 마련에 적극 나섰으며, 이후 지속적으로 그 기본법 제정을 주장하고 있다. 최근 문재인 정부 들어 국가 먹거리 종합전략을 국정과제로 추진하는 데 있어 핵심 입법과제로 주목받고 있다.

아울러 각 기초 및 광역 지자체에서 추진되고 있는 먹거리 종합계획인 푸드플랜이 올바로 수립·추진되도록 하는 데 먹거리·농업 진영이 공동으로 적극 대응·견인하며 연대해 나갈 상설 연대기구로서 전국먹거리연대를 제안하고 그 조직화에 헌신한 점이다. 앞으로는 학교급식에서 싹을 틔워 1천700만 명 공공급식에서도 친환경무상 학교급식체계의 경험과 정책추진체계가 확장 실현되고, 기초 및 광역 지자체와 중앙정부 단위에서 국민의 먹거리 기본권 보장이 실현되는 올바른 푸드플랜 수립·추진이 민관협치를 바탕으로 안착하도록 하는 데 그이의 지혜와 역할이 기대된다.

학교급식, 공공급식, 국민 먹거리 보장, 이 세 가지 의제는 국민의 일상 삶에서 가장 중요한 먹거리 의제다. 먹거리 의제에서 국민 누구나 언제 어디서 생활하든 건강하고 행복하게 살아가도록 하는 것은 국가의 기본책무가 되고 있다. 우리 사회가 좀 더 나은 방향으로 변화하고 있는가를 가늠하는 바로미터가 이 세 의제에서 국민적 바람과 요구를 실현하는 데 있다.

어린 소녀 시절 구로공단 여공이 된 이후 자신의 안락보다 평생을 바쳐 이 땅의 민중과 함께 더불어 사는 사회를 꿈꿔온 그이기에 요즘 그이에 대한 기대가 크다. 그동안 노동 현장에서, 교육 현장에서, 급식 현장에서 세상의 변화를 실천해온 그이기에 우리 먹거리·농업 진영에서는 그이의 지혜와 정책역량, 네트워크 역량이 절실히 필요한 시점이다.

이제 그이는 국민의 먹거리 현장에서 사회경제적 불평등이 먹거리 불평등, 건강 불평등으로 이어지지 않도록 하고, 우리 농촌과 도시 간의 상생·연대를 통해 믿음직한 지속가능한 먹거리체계를 만들며, 여기서 나아가 기후위기·자원위기 속에 인간과 지구가 함께 상생하는 지구밥상 실천운동의 꿈을 펼치고 있다. 평생을 더불어 사는 세상을 실천해온 그이기에 우리는 한결같이 '아이들에게 건강을, 농민들에게 희망을 주는 사람, 배옥병 대표'와 함께 국민이 체감하는 민생개혁, 우리 사회의 지속가능한 미래를 꿈꾼다.

배옥병을 말한다

학교급식운동에서 공공급식과 푸드플랜으로

윤병선
(건국대학교 교수)

1. 학교급식운동의 성과

자본주의사회에서 기업들은 농(農)과 식(食)의 관계를 분절적으로 만듦으로써 그 틈을 자신들의 이윤을 얻기 위한 영역으로 확대해 왔다. 이들에 의해서 만들어진 농식품체계는 순환의 체계, 상생의 체계가 아니라 단절과 경쟁의 체계이다. 단절과 경쟁이 가져온 효율은 기업의 관점, 이윤의 관점, 화폐의 관점, 단기적 관점에서의 평가이지, 사람의 관점, 지역의 관점, 순환의 관점, 장기적 관점에서의 효율은 아니다. 자본주의사회의 시장관계 내에서 사람, 순환, 상생 등의 가치를 강요하는 것은 어렵다. 특히 기업의 입장에서는, 이윤의 입장에서는, 효율의 관점에서는 더욱 그렇다. 자본주의사회는 화폐적 관계가 모든 것을 압도하는 이데올로기가 지배하는 사회이기 때문이다.

이런 상황에서 한국의 학교급식운동은 대안농식품운동의 역사에서 갖는 의미가 각별하다. 2000년대 초반의 지역 지원조례 제정운동 때부터 WTO 국제 무역규범과 신자유주의적 경제·사회 정책의 흐름에 직접적으로 저항했다는 측면에서 일련의 먹거리 운동과 차별성을 보였다. 2002년부터 본격화된 학교급식법 개정운동과 조례제정운동, 2006년 대규모 식중독 사고에 이은 학교급식법 개정, 그리고 2010년의 친환경 무상급식 논쟁 등을 거치면서 학교급식운동은 사회적 확장을 거듭했다.

 학교급식운동이 대안농식품운동에 결정적으로 기여한 것은 로컬푸드운동의 활성화라고 할 수 있다. 아이들에게 건강한 먹거리를 제공하기 위해서는 '얼굴 있는 먹거리'만큼 확실한 것이 없고, 지역의 농사현장만큼 학생들에게 살아 있는 교육의 장을 제공하는 것이 흔치 않기 때문에 한국의 학교급식운동은 로컬푸드운동의 확산에 큰 기여를 했다. 한편, 위탁급식에 따른 식재료의 질 문제나 안전성의 문제로부터 발생한 학교급식 사고는 먹거리의 영역만큼은 공적인 시스템을 매개로 진행되어야 한다는 공감대를 마련하는 계기가 되었다. 영리추구의 수단으로 학교급식이 이용되는 것을 차단하고자 하는 노력은 학교 단위에서 급식에 대하여 책임을 짓도록 하는 시스템의 변화를 가져왔고, 이를 통해 학교급식과 관련된 당사자들이 적극적으로 학교급식에 참여하게 만드는 계기가 되었다. 이런 점에서 학교급식은 지역 내에서 다양한 주체들이 서로 협력하는 거버넌스를 구축하는 계기를 제공하기도 했다. 그리고 학교급식지원센터 등 중간지원조직의 활성화를 계기로 사회적경제 영역이 지역 내에서 뿌리를 내리는 데 기여했다. 특히 친환경 무상급식을 통해서 전국의 여러 지역에서는 각기 지역의 특성에 적합한 중간지원조직을 만들어냈고, 이런 과정은 지역 내 거버넌스를 통해서 이루어졌다.

2. 서울시의 도농상생 공공급식

서울시는 자라나는 아이들에게 믿을 수 있는 밥상을 제공하기 위한 친환경 무상급식을 가장 앞장서서 실천한 광역 지자체이지만, 2017년에는 도농상생 공공급식 사업을 시행해서 공적 조달을 통한 이익이 중소 가족농에 직접 전달될 수 있는 시스템을 만들었다. 무엇보다도 그동안 먹거리 관리에 있어서 사각지대에 놓여 있던 어린이집이나 지역아동센터 등에 공적인 조달체계를 구축했다. 그동안 서울시는 지역상생 프로젝트를 통해 다양한 형태의 직거래장터 등을 운영해 왔지만, 이를 넘어서서 상시적인 관계시장을 만들기 위한 고민을 정책으로 만든 것이다. 다소 생소한 용어라고 할 수 있는 '먹거리 기본권(먹거리 정의)'의 실현을 도농상생의 먹거리체계의 구축을 통해서 달성하려는 것이다. 도농상생에 방점이 찍히는 이유는 안전한 먹거리의 안정적인 조달만을 염두에 둔 것이 아니라, 식재료를 공급해주는 중소 가족농에도 직접적인 혜택이 될 수 있는 방안을 고민했기 때문이다. 서울시민들이 소득과 관계없이 누구나 건강한 먹거리에 접근할 수 있도록 하면서, 서울시긴의 먹거리를 책임지는 중소 가족농가의 안정적인 소득창출에도 기여하기 위한 먹거리체계를 만들자는 것이 근본 취지이다. 이를 위해 공공급식에서 사용되는 식재료를 공급할 산지의 생산자조직과의 연계를, 더구나 중소 가족농을 중심에 놓고 산지의 기초 지자체나 광역 지자체들과의 협력을 바탕으로 하는 공적 조달체계를, 공공급식을 대상으로 실시했다.

서울시의 시도는 무엇보다 산지에서 중소 가족농의 조직화를 바탕으로 지역먹거리체계를 만들어내기 위한 그간의 노력이 있었기 때문에 가능했다. 또한, 그러한 노력의 결과물이 이러한 시도의 원천이 될 수 있었던 것이다. 지역농산물을 학교급식 식재료로 사용하기 위한 과정에서 기존 유통 조직과의 싸움도 있었고, 위탁급식의 안전문제가 불거지자 이를 직영급식으로 바꾸기 위한 학교급식운동진영의 노력이 있었기에 서울시의 꿈도 가능했다. 소량이라고 해서 남아도는 농산물의 판로를 확보하지 못했던 농민들이 즐거운 마음으로 출하할 수 있는 농민장터나 로컬푸드 직매장이 활성화되면서 개별적으로 분산되어 있던 농민들이 서로 협동할 수 있는 계기가 만들어졌기에 과거에는 꿈도 꾸지 못할 일을 실천할 수 있게 되었다고 할 수 있다.

산지의 이러한 변화를 받들고 응원하는 조달체계에 대한 고민이 서울시의 도농상생 공공급식 조달체계라고 할 수 있다. 비록 생산지가 거의 없는 서울시이지만 지역과의 직접적인 관계 형성을 통해 서울시민의 먹거리 조달 및 보장을 기획함과 동시에 도농의 상생을 모색했다는 측면에서 그 의의를 찾을 수 있다. 문재인 정부가 국가 및 지역 단위 푸드플랜을 고민하면서, 그 중심에 공공급식이 자리잡고 있는 것은 의미 있는 진전이라고 할 수 있다. 주로 관행적 유통채널에 의존했던 군대급식이나 공공기관의 단체급식에 학교급식-로컬푸드-공공급식의 지향점과 가치를 확대·실천하려는 점에서 크게 환영할 일이다. 명심해야 할 것은 학교급식운동에서 얻은 교훈처럼 끊임없이 변신하는 관행적 유통채널에 맞서서 대안운동도 끊임없는 진화가 이루어져야 한다는 사실이다.

이 글은 친환경무상급식풀뿌리국민연대가 주최한 정책토론회(2018년 10월 18일)에서 발제한 원고를 요약한 것임.

배옥병의 세상을 바끄는 행복한 밥상

IV

정책밥상, 밥상정책
먹거리 종합계획수립을 위한 전문가 좌담회

날짜 | 2019년 12월 14일(토) 오후 3시
장소 | 서울시의회 의원회관 5층 제5회의실
사회 | 허헌중 ((재)지역재단 상임이사)
토론 | 배옥병 (전국먹거리연대 공동대표)
　　　　이혜원 (대진대학교 교수)
　　　　윤병선 (건국대학교 교수, 서울시 공공급식위원회 위원장)
　　　　박미진 (식생활교육국민네트워크 정책기획실장)

학교급식의 전개와 현안

허헌중

좋은 밥상이 좋은 세상을 만듭니다. 《배옥병의 세상을 바꾸는 행복한 밥상》은 행복한 밥상을 통해서 건강을 보장하고 농촌의 희망을 만들어 온 배옥병 대표의 삶과 꿈, 정책 비전이 잘 담겨 있는 책입니다. 특히 지금 기후위기, 먹거리위기, 자원위기가 일상의 문제로 닥쳐 있는 상황에서 더욱 뜻깊은 출판이라고 생각합니다. 오늘 이를 기념하여 먹거리 정책의 방향과 과제에 관해 얘기하는 자리를 마련했습니다.

사람이라면 누구나 언제 어디서나 건강하고 안전한 먹거리를 안정적으로 확보할 수 있어야 한다는 것이 먹거리 기본권이라 할 수 있습니다. 먹거리 기본권은 이미 유엔에서도 기본권으로 규정했습니다. 2004년에는 먹거리 기본권 보장을 각국의 정책 패러다임으로 제시했습니다. 그동안 배옥병 대표가 실천하고 추진해온 급식운동, 도농상생정책, 먹거리 순환체계 구축도 큰 범위에서는 먹거리 기본권 보장의 일환입니다.

우리 사회의 사회경제적 불평등이 먹거리 불평등, 건강 불평등으로 심화·확장되는 상황에서 절대다수 국민이 어려움을 겪고 있습니다. 이에 먹거리 위기 현실과 이에 대한 시민사회 실천 등을 돌아보고 앞으로 국가와 국회가 국민의 먹거리 보장을 위해서 어떤 정책과 입법 과제를 추진해야 하는지 이야기해보고자 합니다.

이혜원

최근 유엔에서는 먹거리 기본권, 인간의 기본권을 말하지만, 자료를 보면 지난 4년간 통계상으로 기아가 늘어났습니다. 유엔이 2030년까지 기아를 근절한다는데 가능할까 모르겠습니다. 호주도 7~8년 전만 해도 식량 자급률이 400%였는데 지금은 190%로 낮아졌습니다. 기후변화를 생각하더라도 먹거리 문제는 예상을 뛰어넘어 훨씬 더 심각합니다. 안타깝게도, 우리나라에서는 정부 차원에서의 목소리가 안 들리고 있죠. 이제 먹거리 전문가가 국회와 정부에 자리를 잡아야 한다고 봅니다.

유럽에서는 녹색당이 기후문제나 환경문제를 이슈화하며 급부상하고 있습니다. 먹거리 문제는 환경문제와 직결되어 있습니다. 우리나라 정부에서는 먹거리와 환경에 대한 목소리는 작고, 농촌 정책은 퇴보하는 것 같습니다.

윤병선

인간의 기본권으로서 먹거리 보장이 최근의 흐름이라

고 할 수 있습니다. 과거에는 먹거리의 단순한 보장의 차원에 머물렀다면, 지금은 먹거리 보장이 과연 어떤 형태로 갈 것인가 논의를 새롭게 하고 있습니다. 유엔 식량농업기구는 그동안 푸드 시큐리티, 즉 식량 안보를 얘기하면서 자국 내 생산을 강조하기보다는 자유무역을 강조했습니다. 자유무역을 통한 교역의 확대가 기아 문제 해결의 실마리가 될 수 있다고 주장해 왔었지요. 그러나 2014년에 이어서 2019년부터 2028년까지를 '가족농의 해'로 정하면서 먹거리 생산 주체에 대한 생각을 기업농 위주에서 가족농 중심으로 바꿔나가자는 주장을 하기에 이릅니다. 이러한 내용은 그동안 배옥병 대표가 중심이 되어 주장해 왔던 내용과 일치합니다. 학교급식에서 아이들에게 건강한 먹거리를 보장하는 것을 포함해 농민에게 희망을 준다는 내용은 기업농보다 가족농, 소농에게 초점이 맞춰져 있거든요. 한국에서의 학교급식 전개라는 문제에는 단순한 먹거리 보장을 넘어선, 농민과의 경계를 허물어뜨리자는 주장이 담겨 있었고, 이는 현 정부에서 추구하고 있는 먹거리 선순환, 즉 푸드플랜 구축과 같은 맥락입니다.

다만 기존의 패러다임을 바꿔야 하니 국민적 공감대 형성이 절실합니다. 기존의 법체계는 기업 주도의 법체계이지, 사람 중심의 법체계가 아니죠. 여러 가지 개선과 변화의 지점들이 필요한 상황입니다. 이러한 먹거리와 농업의 상생관계를 해결할 수 있는 전문가가 입법 노력을 기울일 수 있어야 합니다.

박미진

친환경 무상급식 운동의 전개과정을 다시 떠올려볼까요? 2000년대 초반에 시작된 학교급식운동 슬로건은 '아이들에게 건강을, 농민에게 희망을'이었는데 그때 우리의 요구 수준은 친환경까지는 생각하지 못했습니다. 학교급식에서 우선 국산 농산물을 사용하자는 것이 주요 요구사항이었지요. 당시는 학교급식 식재료의 많은 부분이 수입 농산물이라서 아이들 급식의 질이 낮았죠. 특히 위탁급식을 하다 보니 학교급식이 돈벌이 수단으로 전락할 수밖에 없고, 당연히 정해진 급식단가에서 질이 낮은 식재료를 사용할 수밖에 없는 문제가 있었지요. 그래서 국산 농산물 사용과 직영급식 전환을 요구했습니다. 그리고 '직영급식을 할 수 있다면 무상급식까지 할 수 있지 않을까?' 하는 생각으로 발전하게 되었죠.

저소득층 아이들의 경우 학교 급식비를 일부 지원받을 수 있었는데, 왜 급식비를 지원받아야 하는지 각종 서류를 내고 아이들이 스스로 자기가 가난하다는 걸 증명해야 했거든요. 이런 증명서를 학교에 가져와서 낸다는 것 자체가 비교육적이고 비인간적인 거죠.

아이들 급식을 교육적으로, 기왕이면 인간적으로 하자

는 거였습니다. 그런데 이 모든 주장이 다 법에 걸리는 겁니다. 우리 농산물 먹자는 것, 국산 농산물 사용을 지자체 조례에 명시한 것이 WTO 규정 위반이라며 행정자치부에 의해 제소당했어요. 대법원에 효력정지 가처분 신청까지 했죠. 우리 농산물을 사용하자는 문구 때문에 결과적으로 국가로부터 제소당했어요. 경기도 조례의 경우 최초 주민발의로 제정했으나 효력정지가처분 때문에 결국 2008년까지 조례시행을 하지 못하는 상황이 되었죠.

직영전환을 하는 것은 교육부의 의지가 있어야 하는데, 이건 또 업체하고 갈등이 생길 수밖에 없는 구조였습니다. 그동안 위탁 급식이 많았으니 직영으로 전환하려면 위탁업체가 투자설비를 했던 것을 교육부가 책임을 져야 하는 겁니다. 일시적으로 교육부에서 나가는 돈이 있는 거죠. 교육부와 학교장의 책임이 높아지는 상황에서 교육부 태도는 미온적이었고 오히려 학교급식법 개정을 반대하는 상황이었지요. 그러나 2006년 6월 서울·인천 지역 초중고 47개교 약 1,500여 명의 학생들에게 대규모 집단 식중독 사고가 생기면서 더 이상 위탁급식을 방치할 수 없다는 국민적 욕구를 묵살할 수 없어서 결정적으로 학교급식법을 전면 개정하게 된 거예요.

배옥병

2006년도에야 급식법 개정을 했죠. 2002년도부터 주민참여조례를 통해 아래로부터의 참여를 시도했어요. 학교급식지원 조례 발의가 결정적이었죠. 2006년 대형 식중독 사고가 터지기 전에 이미 급식비리와 식중독 사고가 심심치 않게 발생했습니다. 저가·저질의 식재료가 대부분 수입산이었요. 그때 국회와 의원들을 찾아다녔는데 사업자들은 위탁급식을 주장했고요.

2002년부터의 운동이 성과를 낼 때쯤에 2006년 식중독 사고가 터진 거죠. 그때부터는 누가 봐도 명백히 '지금의 방식이 잘못됐다'라는 걸 알리기 쉬우니까 2006년도부터는 국회 앞에서 맨날 시위하고 단식투쟁하고 별짓을 다 했죠.

그러다가 2006년 6월 28일 상임위를 통과하고 30일 본회의를 통과하면서 학교급식법이 바뀝니다.

우리 농산물이라고 문서상에 표현하진 않았지만 우수농산물로 바꾸어 표현했어요. 직영급식으로 가야 한다고 주장을 계속 했고요. 그렇다면 식재료 공급을 어떻게 할 수 있느냐가 과제로 남았는데 학교급식지원센터를 만들어서 공적 조달체계를 만들면 된다는 해결책을 제안했습니다. 시장에 의존하는 급식체계를 바꿔서, 정부와 시민 사이에 중간조직인 급식지원센터가 있으면 지역산 농산물, 우리 농산물, 로컬푸드를 공급할 수 있다는 내용으로 급식법 개정을 다시 준비했어요.

박미진

위탁급식을 직영급식으로 바꾸려면 학교급식법을 개정해야 했고, 국산 농산물 사용과 무상급식은 재원확보가 필요했어요. 지자체가 지역에서 생산되는 국산 농산물 사용을 지원하고 학부모 즉 수혜자가 부담했던 급식비용을 학교가 부담하려면 중앙정부와 각 지자체의 지원이 필요했어요. 하지만 2006년 이전까지는 학교급식법에 지자체가 어떤 역할을 하는지 명확히 나와 있지 않았습니다. 때문에 지자체와 교육부는 학교급식이 교육사무인지 일반사무인지를 가지고 책임을 회피하기 급급했고, 중앙정부는 지방 이양사무라서 국가가 부담할 수 없다는 말만 되풀이했지요.

사실 중앙정부, 중앙정치권 차원에서 아이들의 급식문제나 먹거리 문제를 주도적으로 정책을 실행해온 역사가 없었어요. 결국 아래로부터 올라온 국민운동의 결과이지요.

그래서 국산 농산물 사용 · 직영급식 · 무상급식운동은 국민이 스스로 만들어낸 풀뿌리 주민자치 운동이라고 할 수 있습니다. 법 개정, 친환경 무상급식, 현재의 무상교육까지 연결된 과정이었습니다.

20년 가까이 현장에서 급식운동을 한 사람 입장에서는 국회와 중앙정부에서 아이들과 국민의 먹거리 문제를 정치의제로 만들어내는 사람이 한 명도 없는 게 아쉬웠고요. 매번 선거 때마다 주요 정책 의제를 만들기 위해 각 의원실을 돌아야 했죠. 민의를 수렴하는 국회가 자기 역할을 못 한 것을 뼈저리게 많이 느꼈습니다. 때문에 국민과 함께 아래로부터 먹거리운동을 하고 건강한 문제의식을 가진 사람들이 민의 수렴의 공간에 대거 진출하고 포진할 필요가 있습니다.

먹거리 문제가 사회적 의제가 되고 국가정책에 반영될 수 있어야 한다는 것이 제가 20년간 활동한 결론입니다. 먹거리 문제를 가지고 활동한 많은 활동가들이 다양한 역할을 해왔습니다. 이제는 학교급식을 넘어서 공공급식, 먹거리 전략 수립까지 확대되고 있습니다. 이건 초창기 활동 때부터 정책방향이었어요. 전문가들이 정책입안 현장에 있어야 합니다. 현재의 푸드플랜도 행정중심이라 비판적인 목소리가 있습니다. 민관협치를 실현하고 이런 활동을 했던 운동가들이 자기 목소리를 높일 수 있는 곳으로 배치되어야 합니다.

이혜원

대부분의 제 주변 사람들은 친환경 급식을 모르더라고

요. 중요한 정치적 의제였고 바뀌었다는 걸 모르고 있어요. 학교 선생님이나 애들한테 급식의 맛이 어떠냐고 물어봤는데 지금은 대부분 맛있다고 하더군요. 고기가 덜 나오긴 하지만 야채도 맛있다고 해요. 몇 년에 걸쳐 건강한 급식식단이 정착되니 아이들도 긍정적으로 받아들이는 거죠. 하지만 아직도 모르는 일반 시민들이 많아요. 당시에 아이들을 학교에 보낸 사람들은 아는데, 지금 보내는 사람들은 역사를 모르고, 급식 먹은 아이들을 키우지 않은 세대는 잘 모르죠.

배옥병

학교급식에서 좋은 밥상, 행복한 밥상의 의미라면 아이들이 눈치 보지 않고 즐겁고 행복하게 좋은 밥상을 받아 먹는 것입니다. 예전에는 이윤을 목적으로 하는 대기업들이 시장위주 시스템으로 유통과정을 7~8단계 거쳐서 저질의 식재료를 학교급식에 사용했고요. 품질 등에서 여러 가지 문제가 있었습니다. 농촌과 연계되지도 않았고요.

학교밥상에서 좋은 밥상이라고 확신하고 말할 수 있으려면 아이들에게 무엇을 먹일 것인가를 가장 먼저 고민해야 한다는 거죠. 어떤 시스템에 의해 어떤 식재료가 아이들 밥상에 올라가도록 할 것이냐, 농장에서 식탁까지 어떤 식재료를 연계해줄 것이냐가 문제죠. 그래서 슬로건이 '아이들에게 건강을, 농민에게 희망을'일 때도 있었죠.

초기 급식운동은 농장에서 식탁까지 우리 아이들에게 좋은 밥상, 건강한 밥상, 로컬푸드를 실현하는 것이었죠. 그땐 그 지역 생산물을 그 지역에서 소비하고 잉여 생산물은 도시지역으로 연계하자는 것이었거든요. 애들이 무상급식하고 얼마나 행복해합니까. 우리 부모가 가난하다는 걸 증명하지 않아도 되고요.

2011년도에 서울시 11개 지역교육청에서 '급식 한마당' 행사를 하는데 아이들이 친환경 무상급식에 대해 느낀 점들을 발표한 게 있어요. 4학년 아이가 친환경 밥상을 통해 나는 이러이러하게 행복했고, 내 몸이 너무 좋아하는 것 같다면서 북한 아이들에게도 친환경 밥상을 나눠주고 싶다고 적은 동시가 있었어요. 정말 행복했어요.

아이들에게 좋은 음식으로 좋은 밥상을 차려주기 위해 좋은 농산물을 쓰는 거죠. 무엇보다도 친환경 식재료 조달방법을 만들었다는 것이 중요해요. 그 지역에서 생산된 친환경 식재료를 쓰게 하자, 그 지역에 없으면 가까운 지역의 것을 우선 쓰게 하자, 축산물은 무항생제 축산물을 쓰게 하자 등의 품질기준을 세우는 게 우선입니다. Non-GMO는 어떻게 쓰게 할 것인가도 정해야 하고요. 공동체 문화가 활성화되면서 우리 아이들을 행복하게 해주는 게 행복한 밥상입니다. 또 부모들까지 행복하게 하는 게 행복한 밥상이죠.

이혜원

급식운동 때의 식재료 조달방법은 어떤 거였는지 설명해주실 수 있을까요? 그리고 그 조달방법을 전국적으로 확대·법제화할 수 있을까요?

윤병선

2017년에 서울시에서 도농상생 공공급식시범사업을 시작한 이후 어린이집 급식에도 친환경 농산물, 무 제초제, Non-GMO를 공적조달체계에서 적용하게 되었어요. 시민과 농민들이 좋은 밥상이 뭔지 인식할 수 있는 계기가 됐습니다.

서울시의 경우 친환경 급식이 이뤄지고는 있지만, 서울이 가지고 있는 특성상 먼 거리에서 오는 건 어쩔 수 없습니다. 물리적 거리를 줄이는 것은 어렵다손 치더라도 사회적 거리나 심리적 거리는 줄일 수 있습니다. 최소한 여러 단계의 유통과정이 축소되고 직거래 중심으로 가야 합니다. 지금의 서울시 학교급식의 경우는 주로 산지 위주로 품목을 적용하다 보니 대규모 농가가 참여하게 됩니다. 친환경과 대규모 단작이라는 게 같이 어울릴 수 없는 부분인데 '친환경', '안전'이라는 부분에 방점이 찍혀서 학교급식이 이루어졌습니다. 그러한 과정에서 서울시가 도농상생에 방점을 찍었고요. 산지 기초 지자체로부터 가져와 자치구에 공급하는 시스템을 만들어내는 작업이 쉽지는 않았습니다. 배옥병 대표가 그 TF회의에도 들어갔는데, 기존의 관행화된 유통채널에 익숙해져 있는 사람들은 그것이 비효율적이고 사업성이 없다고 많이 반발했습니다. 어쨌든 이러한 고민이 현 정부에서, 먹거리 선순환 체계에서 지역 단위의 푸드플랜으로 정책적으로 연결되었다는 점에서 서울시의 역할이 대단히 컸다고 볼 수 있지요.

박미진

저는 학교급식운동의 의미가 뭔지 다시 생각해보게 됩니다. 현재 우리 사회 먹거리 의제의 수준이 예전보다 많이 높아졌어요. 학교급식운동을 할 때 주장했던 내용을 보면, 예를 들면, 생산자와 소비자의 관계를 좁혀서 '얼굴 있는 관계'를 형성해서 상호 신뢰를 쌓자는 것이 있습니다. '얼굴 있는 먹거리'란 생산자를 기억하자는 뜻입니다. 누가 생산했는지 알 수 있는 농산물을 학교에서 먹는다는 거죠. 국민의 먹거리 기준에도 사회적 합의가 필요하고요. 공공조달의 공급 체계를 갖추고, 유통체계를 개선하는 것 등이 중앙정부가 할 일입니다. 이와 관련된 다양한 정책을 교육과 연계시키는 것이 중요합니다. 이걸 주장하고 실행하는 노력을 많이 했는데, 공공급식, 먹거리전략에서 가장 기초적인 의제를 형성한다고 봅니다.

요컨대, 정책을 교육과 연결하고 실제로 밥 먹는 행위까지 이어지게 하는 것이 우리가 가야 할 방향입니다. 학교급식에서 우리 국민의 운동이 먹거리 체계를 바꾸고 먹거리 관계를 형성하는 중요한 기폭제가 되었다고 보고요. 전국 단위로 의제화시킬 시점이 지금이죠.
특히 조달과 관련해서는 먹거리의 품질 기준에 대한 사회적 합의가 필요합니다. 친환경농산물로, 이왕이면 Non-GMO까지, 이렇게 큰 방향을 잡고 주장하고 있어요. 현재 품목별 세부기준까지는 만들었어요. 전국적으로 모든 학교가 함께 지킬 정도까지는 되지 않지만요.
문제는, 지역 조달체계를 만들고 일부 품목에서라도 기준을 만드는 일이 지역의 활동력에 따라 천차만별이라는 점입니다. 국민의 먹거리 기준을 중앙정부 차원에서 사회적 합의를 거쳐 만들어야 한다고 생각해요. 중앙정부에서 중앙 단위로 의제화시키고 체계화하는 게 필요하죠. 예전에 학교급식에서 시작해온 많은 고민을 체계화하는 과정이 필요한 시점이라고 생각해요.
무엇보다도 국가의 책임을 말하고 싶어요. 예전에는 국가가 책임지는 게 건강취약계층을 위한 먹거리 공급이었어요. 그 이외에는 국가 책임이 미비했기 때문에, 지금은 그 역할을 늘리는 것이 중요한 시기라고 봅니다.

국가적 차원의 먹거리종합전략을 위해

허헌중

연결해서 말씀드리면, 영국, 프랑스, 미국 모두 국가 먹거리종합전략이 있어요. 우리도 문재인 정부 들어 국정과제에 국가 먹거리종합전략으로서 국가 푸드플랜 수립과 지자체 지역 푸드플랜 수립의 지원을 공론화·정책화하는 것은 당연한 일입니다.

지금까지 먹거리 문제는 개인의 문제로 호도되었고 시장에서 해결되어 왔습니다. 이제 중앙정부가 해야 할 기본 책무로 인식하고 국가 푸드플랜으로서 사회화되고 공론화되어야 합니다. 이건 시민사회에서 계속 제기해온 문제인데 아직 중앙정부, 지방정부가 책임을 제대로 안 지고 있죠.

그 내용 중 첫 번째는 통합적 먹거리 정책을 수립하는 것입니다. 생산·가공·유통·소비 정책에서 현재 중앙정부 각 부처의 정책이나 지방정부 정책들이 분절적이라 거의 시너지를 못 내고 있습니다. 영국, 프랑스 등은 국가 먹거리 문제를 위기로 인식하고 통합적 정책 관리체계가 필요하다는 것을 인지하여, 국가적 공동대응으로서 통합적 먹거리 정책을 시행하고 있습니다.

두 번째는 경제적 불평등과 저성장이 심화하고 있는 현실에서 국민의 먹거리 기본권 보장에 대한 정부의 책임성 강화, 곧 먹거리 공공성을 강화하는 것입니다. 세금이 투입되는 공공급식 전반에 걸쳐 공적 조달체계를 하루빨리 구축해 나갈 필요가 있습니다. 학교급식에서 검증됐으니까 이제는 학교급식에서 공공급식으로 확장해 나가야 합니다. 중앙정부가 해야 할 기본적인 책무로 보고 공론화·정책화해서, 국가 재원이 투입되는 공공급식 전반에 걸쳐 도농상생의 공적조달체계를 구축하는 것이죠. 공적조달체계 구축에서는 특히 농촌과 도시의 유통단계를 어떻게 짧게 만들 것인가가 중요하죠.

세 번째는 먹거리의 질적 향상입니다. 국가와 지방정부가 먹거리 기준을 설정해야 합니다. 먹거리 기준에는 질적 기준도 있어야 하고 먹거리 보장에 대한 기준도 있어야 합니다. 질적 기준에서 중요한 것은 Non-GMO와 화학 합성 첨가물 등을 배제하는 것입니다. 선진국에서는 먹거리의 질적 측면에서 먹거리 기준을 설정하고 특히 먹거리 보장 수준을 정하여 먹거리 보장백서를 만들고 접근의 기준도 만들었습니다.

앞으로 국회에서도 정부정책을 평가하고 관련 입법을 주도할 사람이 필요합니다. 정책을 스크린하고 제대로 된 정책과 예산이 나올 수 있게 전반적으로 통찰하고 풀어나갈 수 있는 사람이 먹거리 진영의 대리인으로서 필요합니다.

윤병선

필요성을 부연 설명하자면, '함께하는 밥상운동'에서 먹거리의 공적조달 체계의 확립이 부분적으로 이뤄지고 있잖아요. 예를 들면, 서울시의 경우 도농상생 공공급식이 이뤄지고 있는데, 이게 중앙정부가 아니라 지방정부가 재원을 투입하고 시장의 결단에 따라 이뤄지다 보니, 제도적 연속성에 대한 신뢰가 상대적으로 낮다는 거죠. 지금 서울시의 25개 자치구 중에서 13개의 자치구가 참여하고 있지만, 이를 지속가능한 체계로 만들기 위해서는 확실한 제도화가 필요합니다. 한 끼당 500원의 차액 지원금이 아이들에게 지원되고 있고, 자치구의 중간지원조직인 공공급식센터의 경상비 지원도 이루어지고 있습니다만, 이제는 중앙정부에서 이를 지원하는 시스템이 만들어져야 합니다. 또한, 먹거리와 관련된 중앙정부의 명확한 업무분장과 함께 통합적인 정책 개입이 필요합니다. 먹거리 관련 정보의 제공에 있어서 시민사회진영이 요구하는 식품표시제 강화는 부처 간이나 이해당사자 간의 충돌로 인해 정리가 제대로 안 되고 있어요. 유전자조작식품의 표시제 강화는 문재인 대통령의 후보 시절 공약이었음에도 제대로 반영이 안 되고 있고, 청와대 청원까지 올라갔음에도 박근혜 정부와 답변 수준이 다르지 않습니다. 그런 면에서 보면 이런 문제들은 새로 구성되는 국회에서 소비자와 농민, '좋은 밥상'에 공감하는 여러 주체들이 합심해서 해결해야 하는 과제가 아닌가 싶습니다.

배옥병

학교급식에 이어 공공급식으로 확장한 이유는 이렇습니다. 우리나라 전체 국민 중 1,700만여 명인 공공급식 수요자들의 문제를 해결해야 하는데요. '지속가능한 농업·농촌', '지속가능한 사회'라는 철학과 가치를 담아서 그동안 학교급식에 이어 공공급식의 공적조달 체계를 구축해왔습니다.

환경과 기후의 측면에서 보면 친환경을 지향하는 것 자체가 CO_2를 줄이는 것이고요. 학교급식과 공공급식 영역을 제대로 만들어 공적조달체계 안에서 농장에서 식탁까지 '얼굴 있는 시스템'을 구축하는 것입니다. 지구를 행복하게 하는 방법은 많이 있어요. 예를 들어 빈 그릇 운동, 텃밭 가꾸기 운동을 하면 학교 아이들이 이를 통해 먹거리의 소중함을 알게 됩니다. 친환경 먹거리가 어떻게 생산되는지 체험해보는 것도 좋습니다. 오리를 방사하는 오리농법이나 우렁이농법을 살펴보고 친환경 농업 주변의 생태계가 어떻게 형성되는지도 보고요, 관행농의 주변 생태계는 어떻게 파괴되는지도 살펴봐야 합니다. 이런 것까지 친환경 공공급식에서 세심하게 교육해서 확대·발전시킬 수 있어요.

그런데 먹거리 기본권 보장을 한다고 할 때, 전체 국민의 10%가 넘는 취약계층의 먹거리 보장 현황은 기가 막힐 정도인 거죠. 예를 들면, 아이들에게 '희망카드'를 주는데요, 아이들이 그걸로 편의점에서 방부제 덩어리인 삼각김밥이나 정크푸드를 먹을 수밖에 없는 열악한 현실입니다. 지자체가 푸드뱅크를 통해 예산을 지원하는데요, 이것도 기업들은 잔뜩 생색을 내면서 유통기한이 지났거나 임박한 것들을 모아서 줘요. 이렇게 화학첨가물 덩어리, 먹거리 건강기준이 전혀 없는 정크푸드를 취약계층에게 보급하고 있는 게 현실이에요. 영양플러스사업도 마찬가지예요. 영양기준만 맞췄지, 무엇을 포함시킬 것인지 전혀 논의가 없습니다. 무엇을 먹여야 농촌도 같이 행복할 것인지, 어떻게 취약계층이 '이 밥상이 행복한 밥상이구나' 느끼게 할 건지, 전혀 고민이 없다는 거죠. 취약계층은 물론이고 혼자 밥 먹는 사람들에 대한 논의도 전혀 없었죠.

제가 한 달 전에 금천구 '마을부엌'에 강의하러 갔다가 들은 이야기가 있습니다. 배우자와 사별하고 혼자되

신 70대 어르신이 마을부엌에서 음식 만드는 법을 배우신 거예요. 이분이 발표를 하시는데, 아내가 죽고 난 뒤 죽고 싶은 생각 외에 아무 생각도 안 났다고, 아내가 죽고 나니 밥 한 끼를 해결할 수 없었다고 해요. 가장 먼저 직면한 게 밥 먹는 문제였던 거죠. 그런데 마을부엌에 와서 같이 요리하고 더불어 먹고 함께하는 밥상을 누리면서 건강에 대해 알게 되고 농업과 농촌에 대해 알게 되었다고, 자기가 세상에서 가장 행복한 사람이라고 울먹이시더군요. 요즘 혼자 밥 먹는 사람이 어르신부터 아이들까지 많잖아요. 이분들이 '좋은 밥상', '행복한 밥상'을 누릴 수 있도록, 마을부엌을 통해서 먹거리 공동체문화를 활성화하고 전체 국민의 먹거리 기본권을 보장사업으로 하는 게 상당히 중요합니다. 먹거리 복지가 촘촘히 만들어져야 행복한 밥상, 좋은 밥상을 우리 모두 공유할 수 있을 거라 생각해요.

지금 이것이 먹거리 종합전략에 들어가 있어요. 문제는, 푸드뱅크, 영양플러스, 희망카드 등의 사업들이 여러 법에 의해 각 중앙부처에 흩어져 있어요. 그렇다 보니 각각 다양한 정책을 펼치긴 하는데 서로 비슷비슷하고, 또 통합도 되지 않고 있습니다. 예산 낭비와 인건비 낭비 등의 여러 문제를 낳고 있어요. 먹거리의 통합전략과 정책이 필요하죠. 이 모든 것을 담아내서 전체 국민의 먹거리 기본권 보장을 추상적으로 하는 것과 좋은 밥상, 행복한 밥상, 건강한 밥상을 위한 촘촘한 정책을 만들어서 전 국민에게 실현하는 것은 상당히 많은 과제를 남깁니다. 예를 들면 아까 급식운동에서 얘기했던, 농장에서 식탁까지 얼굴이 있는 먹거리를 만들어내는 게 지금도 풀어야 할 과제인 거죠.

허헌중

프랑스는 2010년 농업현대화법에서 1차 국가먹거리계획(국가 푸드플랜)을 수립했습니다. 또, 2014년 농업, 먹거리 및 임업 분야의 미래과제에 대응하기 위해 제정한 농업·먹거리·산림미래법에서 2차 국가먹거리계획을 수립해서 추진하고 있어요. 먹거리에 관한 이 통합법에서 지자체 지역 단위 먹거리 종합계획(지역 푸드플랜)을 의무화해 놓았습니다. 우리도 (가칭)국민먹거리보장기본법 등 통합법을 제정하여 지역 푸드플랜 수립·추진을 의무화하고, 국가 먹거리종합전략(국가 푸드플랜)을 수립·추진해야 합니다.

또한, 학교급식법의 개정도 필요합니다. 우선 미국의 학교급식법은 모든 학교에서 1차 농산물을 자국산으로 사용해야 하고, 가공식품도 자국산 농산물을 원료로 한 것을 사용해야 한다고 규정하고 있어요. 이처럼 가공식품까지 국내산 원료, 건강하고 안전한 우리 먹거리로

공급하도록 해야 할 뿐만 아니라, 특히 급식 식품비에 대한 중앙정부의 재원 부담을 의무화해야 합니다. 학교급식의 질을 높이고 좋은 밥상을 만들려면 가공식품의 안전이 보장되어야 하는데, 중앙정부가 급식재원을 부담해야 해요. 지자체 간 재정격차가 크다 보니 밥상의 격차가 큽니다. 먹는 문제에 한해선 중앙정부가 책임을 같이 져야 합니다. 그 다음에는 공공급식법 제정입니다. 각 지자체에서 보육시설이나 복지 관련 먹거리 지원 등 공공급식에 관한 지원조례를 만들고 있는데, 이를 지원하는 상위법으로서 공공급식 지원법이 없습니다. 우리나라는 상위법이 있어야 적용을 할 수 있습니다. 배 대표님이 얘기하는 국민건강, 도농상생, 국내산 이용 촉진을 법에 규정하고 공공급식 수급체계를 구축하도록 해야 합니다.

끝으로, 먹거리 취약계층에 대한 식품비 지원입니다. 미국에서는 푸드 스탬프(food stamp)라는 취약계층 식품지원제도를 시행해왔는데, 현재는 이름을 바꿔 국민 영양지원제도를 시행하고 있습니다. 우리도 총인구의 10% 이상 되는 저소득층, 노약자, 청소년, 실업자 전체를 대상으로 국민 영양지원제도와 같은 먹거리 복지정책을 국가적으로 시행해야 합니다.

이혜원

미국 학교급식 말씀하시는데요, 제가 미국에 있는 동안 학교급식 먹어봤는데 전혀 좋아 보이지 않았습니다. 'college 15'이란 말이 있어요. 대학 들어가면 살이 15파운드가 확 찌는 게 공통적인 현실이에요.

학교 급식 주방에서 아르바이트를 해봤는데 모든 게 냉동식품이고, 비닐봉지에 들어있는 것이에요. 푸드스탬프도 깡통밖에 없고 형식적이에요. 미국의 어떤 것은 참고할 가치가 없어요.

영국이나 프랑스의 경우는 식량 문제와 물 관리가 분리돼 있잖아요. 그래서 영국과 프랑스의 경우 물이 민영화됐고, 물이 너무나 오염됐기 때문에 그 물로 좋은 농산품을 만든다는 게 의미가 없어요. 강대국들은 공공재에 대해 다시 공영화하는 추세인데 우리나라는 민영화가 확산되는 추세잖아요. 제가 부산에 가 봤는데, 가까이에서 물을 끌어 쓸 수 있는데도 원전 근처에 있는 물을 담수화해서 시민에게 공급해요. 시민들이 반발하니 분란이 생기고요. 물이나 토양 문제는 중앙에서 개입해야겠더라고요. 물 문제는 지자체 간 최악이죠.

또 다른 문제는, 골프장 같은 게 들어서면 골프장에 농약을 들이붓잖아요. 그렇게 되면 주변 농사에 직접 영향을 주기 때문에 골프장 들어설 때마다 농민들이 엄청난 반대를 하는데요. 농민들이 이긴 사례가 없어요. 법은 물을 오염시키는 사람 편이지, 보호하는 사람 편이 아닌 것 같아요. 농사의 기본이 되는 물 관리가 연계됐으면 좋겠다고 생각해요. 지금 이 문제와 연계시켜 먹거리 정책을 얘기하는 게 중요해요.

구체적인 국가전략 수립을 위한 제언

배옥병

2017, 2018년 밀라노100회의에 참석했는데요, 그중 한 나라는 지하수 오염이 심각해서 도시 먹거리를 생산할 때 그 지역의 물을 쓰지 않았습니다. 지역의 물을 쓰는 비율을 10%에서 90%까지 끌어올렸거든요. 물의 중요성을 저도 나중에 알게 되었죠. 지구온난화로 기근이 심해지니까 물이 부족해지고, 그 과정에서 대형 축산업자들이 소와 모든 것을 몰고 물을 따라 움직이고, 또 그 과정에서 중소 가족농과 부딪치고, 결국 점령해 들어오고…. 중소 가족농들이 총 들고 싸우는 곳도 있습니다. 진정 물과 토양을 살리는 먹거리 정책이 뭐냐, 먼 훗날의 문제가 아니라는 거죠.

중소농의 문제와 학교급식을 연결 지어 보면, 우선 학교급식만 놓고 보면 친환경 무상급식이 진행되고 있지만, 국가지원이 전혀 없는 게 현실입니다. 국가지원을 어떻게 풀어나갈 건지 생각해야 합니다. 국가가 1,000억 원을 지원하면 2조 5,000억 원의 급식시장에서 우리 농산물, 지역 농산물을 활용할 수 있습니다. 지금은 지방자치단체에서 예산을 지원하지만 국가가 예산을 지원하는 걸로 법을 개정하는 게 필요합니다. 아울러 저는 주된 정책으로 급식운동 초기부터 주장했던 현물급식을 다시 얘기하고 싶은데요. 왜냐하면 공적조달체계의 핵심은 우리가 낸 세금으로 국가나 지자체가 현물급식을 하는 겁니다. 그렇게 하면 기획생산, 계획생산이 가능해집니다. 현물급식이 가능하도록 법이 제정되면 1,700만 명 농업의 재구조화가 가능해질 겁니다.

중소 가족농에 대해서도 이야기해볼까요. 이들의 조직과 역할을 강화해야 합니다. 이들이 공공급식 영역에 들어갈 수 있도록 생산관리, 사전관리를 잘해야겠죠. 예를 들어 예전에 양파가 과잉 생산됐을 때 서울시에서 각 부서에 대안을 제출해보라고 했습니다. 이때 나온 대안이 '양파를 많이 사서 먹는 것'이었습니다. 먹거리가 부족할 때 수급조절이 잘 안 되는 게 문제잖아요. 농민들에게 지금까지 주어진 역할은 생산부터 가공, 유통까지 모든 것을 책임지는 거였어요. 저는 공공급식 영역에서 농민들은 생산에만 집중하게 해야 한다고 봅니다. 수급조절은 어떻게 하고 생산기반은 어떻게 할 것인지, 공공급식 영역에서 현물공급을 하자고 하면 다품목 생산을 어떻게 할 것인지, 이제부터라도 중앙정부와 지방자치단체가 고민해야 기후위기와 식량위기에 대응할 수 있다고 봐요. 이런 것이 다 맞물려 있어요. 사실은 관행농을 할 것이냐 유기농을 할 것이냐, 여기에서 파생되는 거죠.

윤병선

기후위기와 식량위기에 대응해서 다품목 소량생산을 일부에서 오해하는 경우가 있어 안타까운 부분이 있습니다. 한 농가가 여러 품목을 생산하도록 강요하는 것으로 이해하는 경우가 종종 있거든요. 현재의 단작화가 가져온 폐해가 명확하기에, 지역 내에서 가능하면 다양한 품목의 농산물이 여러 농가들에 의해 생산될 수 있는 시스템을 고민하자는 것이지요. 여기에 더해서, 생태적으로 지속가능한 방식의 영농으로 전환할 수 있는 고리를 만드는 것이 중요하다고 봅니다.

배옥병

급식에서는 제철 먹거리를 먹여야 한다고 하죠. 서울에서는 1년에 한 번씩 '공동생산자데이'를 해요. 이제 생산은 농민만의 문제가 아닌 거죠. 학교에서는 영양사와 학부모, 농촌에서는 생산자와 관련 공무원들이 참가합니다. 이 안에서 학교급식에서 발생하는 문제가 다 나오는 거예요.

구체적으로 들어가면, 사람들이 규격화되고 보기 좋은 걸 요구하니까 호박에 비닐을 씌우고 키워요. 이런 작은 것부터 다시 보는 겁니다. 그럼 호박의 비닐부터 벗겨 보자고 했어요. 이런 걸 2년 전에 합의하고 시작하니까 생산자는 생산자대로 긍정적으로 평가하고 소비자는 소비자대로 질 좋은 호박을 먹을 수 있게 된 거죠. 햇볕 제대로 받고 노지에서 자란 호박과 하우스에서 비닐 씌워서 키운 호박은 영양과 성분이 다르다는 거죠.

생산자와 소비자가 바뀌나가자는 게 학교급식이고요. 수경재배, 스마트팜은 건강한 밥상, 행복한 밥상을 만드는 농법은 아니라는 거죠.

제가 어디서 들었는데, 어떤 사과 농가에서 사과에 약을 안 쳐도 사과가 맛있대요. 대신에 사과에 점이 생겨서 상품성이 떨어지죠. 그래서 자기네가 먹을 것에는 약을 안 치고 밖에 팔 것에는 약을 친대요. 요즘 아이들은 벌레 공포증이 심하다고 하니까 그렇게 약을 치는 거죠. 좋은 먹거리, 좋은 밥상에 올라오는 식재료가 어떤 건지 사진을 찍어서 보여주고 아이들이 알게 해줘야죠. 수경재배한 것은 부드럽고 힘이 없잖아요. 노지에서 자란 건 힘이 있어요.

박미진

어제 경기도 친환경생산자들이 사과를 자체 연구하고 새로운 품종을 개발하는 유기농 사과 만들기 회의를 했어요. 경기도가 원래 사과를 하던 곳이 아닌데, 4년간 생산하는 과정에서 고민하고 정리한 것을 사과연구관이 발표했어요. 처음 사과는 색상부터 일단 마음에 안 들어서 재배기술을 스스로 공부하고 다른 지역에 가서 공부해왔어요. 4년 동안 사과가 어떻게 변화했는지 봤죠. 지금은 경기도 급식에 들어가거든요.

경기도에서 차액 지원 조건으로 경기도 것을 먹으라고 했는데, 선생님들 입장에서는 색깔부터 마음에 안 들어서 거부했대요. 학교에서 받을 수 없는 식재료 품질 기준이고, 품의 기준에 맞출 수 없다고, 먹일 수 없다고요. 어제는 영양교사가 '친환경 사과 이야기'라는 재미있는 교육지를 만들었더라고요. 아이들 이전에 식재료 선택하는 영양교사가 먼저 알아야 하기 때문에 자료를 만들었대요.

선생님과 아이들에게 보여주는 식료품 기준에 대한 이야기도 교육이 필요하고, 이해도가 높아지면 클레임이 줄어들 거라고 하더라고요. 모든 영역이 마찬가지입니다. 아이들이 아무래도 육류 중심 식단을 원하다 보니, 친환경 식단으로 바뀌고 친환경 식재료가 많이 공급되면서 처음엔 '먹을 게 없다'라는 불만이 많이 나왔어요.

급식의 질이 저하됐다는 비판을 초기에 많이 받았대요. 그런데 인식이 전환되어서, 지금은 달라졌어요. 우리가 먹는 식재료가 GMO로부터 안전하고 우리가 지구를 위해 음식을 남기지 말고 먹어야 한다는 인식이 확대되면서 잔반이 줄어들고 친환경 재료에 대한 만족도가 높아졌어요. 생산자뿐만 아니라 아이들, 학부모 그리고 식재료를 선택한 영양사 선생님, 산업체에 근무하는 조리사들에게까지 친환경 농산물을 선택한 행위에 사회적·경제적·건강영양학적으로 어떤 의미가 있는지 교육과 체험기회를 확대하는 계기가 될 거라고 봅니다. 모두가 알고는 있는데 사실 실행이 잘 안 되는 거죠.

먹거리 관련 식생활교육이 교육과정 안에서 자연스럽게 이루어지는 게 필요해요. 학교급식법 개정과 관련해서 이 먹거리 교육을 의무화해야 하는데, 자발적 교육만으로는 부족하죠. 굳이 하자면 창의체험활동시간이나 방과후시간에 해야 하고요. 아이들이 어릴 때부터 먹거리교육이 이루어질 수 있도록 중앙과 지방의 행정당국과 시민사회가 다 같이 노력해야죠.

배옥병

먹거리교육과 관련해서 서울시에서 민관협치로 150명 심의위원회를 운영하고 있어요. 10개 분과가 있는데 생태학적 분과는 생태학적 관점을, 도농상생 분과는 도농상생을 중요하게 주장해요. 10개 분과가 다 다르게 주장하는 내용을 들으면서 많은 생각을 하게 됩니다. 제가 주장하는 건 먹거리교육을 의무화하자는 거에요. 먹거리의 체계적 커리큘럼을 만들어야 하고, 세대별 교육 계획을 세워야 해요. 아이부터 어른까지 세대별로 맞는 교육을 해야 하는데, 농업의 공익적 가치를 어떻게 알린 건지, 먹거리 낭비를 어떻게 줄이고 자원화는 어떻게 할 건지, 물과 땅은 어떻게 살릴 건지 등의 체계적인 내용들이 푸드플랜 종합전략 안에 핵심과제로 들어가야 해요. 그리고 이것을 어떻게 제도화할 것인가도 나와야 하는 거죠. 이렇게 세대별로 먹거리 종합시스템에 맞춰서 교육해야 해요. 아울러 국민 먹거리 가이드를 만들어야죠. 강대국들은 어떤 질병이 있을 때 어떤 건강 먹거리를 어떻게 먹어야 하는가, 세부적으로 국민에게 알립니다. 내용을 보면 피라미드 꼴입니다. 육식을 최소화하면서 채소를 많이 먹도록 하는 게 국민 먹거리 가이드에요. 그런 측면에서 먹거리복지를 어떻게 보장해갈 것인지가 그들이 지키려는 푸드플랜의 내용이에요. 우리나라도 그렇게 가야 한다는 거고요. 먹거리 건강 가이드, 생애주기별 · 세대별 먹거리교육을 어떻게 할 것인가, 생산부터 자원화의 전 과정에 대해 지속가능성이라는 철학과 가치를 넣어서 교육할 것인가, 이 부분은 제도적 · 정책적으로 굉장히 중요하다고 할 수 있죠.

윤병선

교육 얘기를 하셨는데, 사실 먹거리는 통합적 성찰이 필요한데 다들 분절적으로 진행되고 있어요.

지금 대학에서 '농'이라는 명칭은 거의 사라져버렸고, 먹거리와 관련된 내용은 식품영양학과에서 주로 다루어지고 있다 보니, 우리가 먹거리에 대해 하는 고민이 아이들에게 전달되지 못하고 있습니다. 그 흔한 교양과목에서도 먹거리에 대한 이야기를 담아내지 못하고 있죠. 어쨌든 먹거리와 관련된 사회적 관심도의 향상에도 불구하고 실천적으로 고민하고 일할 수 있는 젊은 층을 학교에서 키워내야 하는데 그러지 못하고 있습니다. 먹거리 관련 교과목을 교육부, 보건복지부, 식약처, 농림축산식품부에서 통합적 형태로 만들어내는 게 필요하다고 봐요.

박미진

그래서 2009년도에 식생활교육지원법이 만들어졌어요. 원래는 우리 기준에 따라 기본법을 만들고 싶었으나 그게 안 되어서 지원법으로 만들어졌습니다. 형식적으로는 농림축산식품부 주관으로 교육부를 포함한 9개 부처가 총괄해서 만든 형태인데, 그 법에 따라 부처별로 5년 단위로 기본계획을 수립해서 시행하고 있어요. 올해까지 2차 기본계획이 끝났고 내년부터 3차 기본계획을 수립해야 할 시기예요. 문제는 부처 간에 협업이 잘 안 된다는 겁니다. 총괄 계획안에 각 부처가 통합적인 먹거리교육계획안을 만들긴 하지만, 먹거리 종합전략 안에서 식품의 생산부터 가공, 유통, 푸드시스템에 부합된 전반에 대해 작성하지 않았어요. 기존에 했던 것을 모아서 '우리가 이런 다양한 교육활동을 하고 있다'라고 해도 농림식품부에서 교육부와 충분히 협의해 깊이 있게 녹여내는 교육 과정으로 발전시키지 못하고 있습니다. 이런 현실에서 먹거리 종합전략 안에 먹거리 교육을 어떻게 체계화할 것인지가 중요합니다. 기존의 개별 법령, 개별 정책들을 통합적으로 만들어내는 과정이 중요하고, 또 그런 작용을 만들어내는 것도 중요한 과제인 것 같아요.

이혜원

학교나 세대별 전 국민 대상 교육도 중요하지만, 농업과 관련된 전문 교육기관도 필요합니다. 지금은 농대들이 대부분 바이오 관련으로 바뀌긴 했지만요. 코딩이나 기술개발 분야에는 2년간 무료교육을 해주는 게 상당히 많던데, 친환경 농업 전문가도 중요하니 나라에서 길러내는 게 중요하다고 봐요. 대부분의 농대들이 식품

기업의 연구비 지원을 받다 보니 연구 결과가 이상하게 나오니까 그런 것에서 자유로운 기관을 생각해보고 환경에 대한 지원을 하는 것도 필요하다고 봐요.

저는 지금 식량문제가 건강문제를 떠나서 시급한 사안이란 것이 전달되고, 교육적 문제와 결합해서 거론됐으면 좋겠습니다. 국민의 건강이란 게 못 먹어서 병이란 게 아니잖아요. 기후위기와 식량위기가 결국 같다는 걸 계속 강조하는 국민적 인식을 만드는 데 정책이 반영되면 좋겠다고 생각해요. 초반에 말씀드렸듯이, 유엔도 주장하고 있는데 실천이 잘 안 됩니다. 항상 이루지 못할 계획과 목표를 만들어 놔요. 30년 동안 기아를 줄이겠다고 했는데 목표가 달성 안 되는 게 아니라 지금 역으로 기아가 늘어나고 있어요. 이런 것도 전반적으로 얘기해야 해요.

개인적으로 몇 가시 시도를 해봤어요. 예를 들면 플라스틱 문제인데, 최대한 줄이는 방법이 뭐냐 이거죠. 빨대를 바꾸거나 컵을 바꾸는 건데, 젊은 세대는 오히려 금방 받아들여요. 실제로 플라스틱 안 쓰고 쓰레기 배출 안 하는 카페와 식당이 가능하다고 생각하고 2년 전에 그런 방식으로 카페도 운영해봤어요. 안 쓰려고 작정하면 실제로 쓰레기봉투로 조그만 것 하나가 안 나와요. 사람들도 거부감 없이 자연스럽게 적응하고, 컵 보증금제도도 해봤더니 잘 받아들였어요. 이런 것들이 자연스럽게 일어나서 선례를 보여주는 것도 중요하다고 봐요. 지금은 최소 10대, 20대에게는 그런 인식이 있습니다.

문제는 50대 이상에서 이런 환경문제와 먹거리 문제가 연결된 것에 대해 인식이 잘 안 되어있다는 거죠. 교육의 방식을 다르게 해야 해요.

10대, 20대, 30대는 소비를 가장 많이 하는 세대이기 때문에 소비를 줄이면서 환경을 보호하는 쪽의 교육이 필요하고요. 나이 든 세대에게는 환경에 대한 기초적인 교육부터 시작해야 하지 않은가 합니다.

배옥병

저는 기후위기는 먹거리 위기라고 생각하는데, '국민이 체감하지 못하고 있다. 누가 체감하게 할 거냐'라는 얘기는 강의할 때마다 나오긴 해요. 하지만 어떻게 해결하냐는 답은 안 나와요. 이 답이 구체적으로 나와야 합니다. 지구밥상 실천행동이 나와야 하는 거죠. 저는 이것도 먹거리 종합전략에서 중요한 꼭지로 들어가야 한다고 봅니다.

기후위기, 먹거리 위기를 말로만 주장하는 건 필요 없습니다. 전 국민이 함께 실천해야 합니다. 내가 지구를 힘들게 했으면 지구가 행복해야 나도 행복하다는 인식을 가져야 한다는 거죠. 아울러 국가와 지방자치단체는 무엇을 할 것인지 연구해야합니다. 우리가 일상생활에서 음식쓰레기 줄이기, 땅과 물을 살리는 식품 선택 등을 주장하는 것이 결국 기후위기와 먹거리 위기를 해결하는 겁니다.

이혜원

실천 가능한 가이드라인은 사실 별 게 아니에요. 그게 문제가 아니고, 지난 30년 동안 계속 기업 위주로 법이 바뀌면서, 기후를 망가뜨리는 기업을 국가가 제도적으로 계속 지원해왔잖아요. 예를 들어 물의 경우 1994년에 물 판매가 처음 도입되었는데, 그때 국민행복추구권을 들먹여서 생수를 판매할 수 있게 법이 만들어졌죠. 그 재판을 생수회사 대표 7명이 시작한 거죠. 그 사람들은 어찌 보면 기업을 보호하려고 법정에 간 것이죠. 물 관련법은 94년부터 지금까지 100번은 개정됐는데 그 개정된 법을 다 읽어봤더니 계속 기업을 보호하는 쪽으로 바뀌었어요.

물은 TV 광고를 못 하게 했었는데 그것도 허용했고, 점진적으로 기업친화적으로 바뀌었단 말이에요. 국민이 국가가 그러지 못하게 견제해야 하는데 법체계가 너무 복잡하니까 이걸 어떻게 쉬운 말로 바꿔야 할지 모르겠어요. 제가 자세히 본 것은 물 관련이고요, 그게 어떻게 농사와 관련되는지 7~8년간 지켜봤는데 놀라울 정도로 계속 법이 기업 위주로 가더라고요.

배옥병

교수님 말씀대로 저는 국민이 문제를 인식하고 해결하고 실천하고 교육하고 홍보하는 것이 국가, 기업, 지자체와 함께 이루어져야 한다고 봐요. 이 과정에서 국민이 주체적으로 서서, 기업을 보호하는 쪽에서 국민을 보호하는 쪽으로 방향이 바뀌도록 실천운동 속에서 힘을 모아야죠. 기업만 보호하는 것이 아니라 국민을 보호하는 국가지원이나 보호정책이 공익적 관점에서 이루어져야 합니다.

급식도 마찬가지였죠. 기업을 중심으로 모든 시스템이 만들어져 온 거죠. 그것을 우리가 아이들 건강이 왜 중요한지, 급식비리가 왜 치명적인지, 계속 운동을 통해서 문제를 인식시켰고요. 저는 기후위기와 먹거리 위기에 대해서도 국가나 지방자치단체가 공익성을 지향하고 문제 해결을 위해 어떤 정책을 만드는 것도 국민의 힘이 작용해야 가능하다고 봐요. 대기업의 힘은 무소불위의 힘이라고 하잖아요. 국민의 힘이 아니고서는 이런 부분들을 견제할 수가 없어요. 국민의 힘이 이것을 압박하고 모아가야 해결할 수 있다고 봐요.

이혜원

이런 것을 우리 국민이 빨리 잊기도 하고요. 생수판매법이 허용된 것도 부산 낙동강 페놀 방출 사건으로 물에 대한 공포가 조성되었기 때문이잖아요. 그 후 법이 빠르게 제정된 거고요. 그 사건의 주범인 회사에서 부산 해양담수화 공장플랜트를 운영하고 있어요. 국고가 800억 원이나 지원되고 있고요. 이런 부분이 많이 답답한 거죠.

윤병선

좋은 밥상과 기후위기가 왜 뗄 수 없는 관계이냐에 대한 국민적 공감대를 형성하는 것이 필요하다고 봅니다. 한편에서는 농업의 환경보전효과를 이야기하지만, 현대의 기업 주도의 먹거리체계에서 이루어지는 먹거리 생산, 가공, 유통, 소비라는 과정이 기후변화를 촉발하는 형태로 이루어져 온 부분들이 있습니다. 현존하는 먹거리체계는 지속가능하지 않습니다. 이에 대한 대안인 친환경농업에 대해서 일부에서는 전체 생산의 5%에 불과한 친환경 농산물이 국민의 먹거리를 책임질 수 없다고 주장하면서 사태의 해결을 회피하려고 합니다만, 그동안 친환경농업진영과 급식운동진영이 힘을 합한 결과 친환경 농산물시장이 확대되고 있지 않습니까? 현재의 인증 중심의 친환경농업에 대한 심각한 고민도 필요하지만, 현재의 먹거리체계에 대한 깊은 성찰이 중요하다고 봅니다.

이혜원

비료나 제초제를 많이 쓰는 것도 문제인데요. 과연 그렇게 하면 생산량이 많은가? 그렇지 않다는 걸 깨달아야 합니다. 토양이 손상되고 땅이 고갈되죠, 지속적으로 농사를 잘 짓고 생산량이 꾸준히 나올 수 있게 해주는 걸 사람들에게 알려주는 것은 교육의 힘이죠.

물에 관련된 프로젝트를 하기 전엔 물에 관련된 법을 찾아볼 일이 없었는데 막상 물 관련 일을 해보니 기후와 식량이 관련된 부분이 있습니다. 어쨌든 토양과 물은 공유재잖아요. 모든 사람의 문제이기 때문에 이것을 먹거리, 자원관리, 공유재 개념으로 강조해서 포함시켜야 됩니다.

먹거리 거버넌스가 필요하다

윤병선

행동하는 시민, 보통 이야기하는 '먹거리 시민'은 개별적이고 파편화된 시민이 아니라 좋은 밥상을 만들어내기 위해 조직화된, 운동 차원의 행동하는 시민을 말합니다. 그런 면에서 본다면 우리 사회에 존재하고 있는 다양한 시민운동진영, 특히 먹거리운동진영에서 많은 활동을 해왔고 그걸 토대로 경험을 축적하고 그러면서 새롭게 조직의 진화를 꾀한 게 우리 사회를 변화시킨 원동력이라고 할 수 있습니다.

허헌중

정책적인 측면에선 먹거리 거버넌스가 중요합니다. 거버넌스가 제대로 형성되고 활성화하도록 해야 할 것 같습니다. 먹거리 거버넌스에 대해 무엇이 중요하고 그 추진 방향은 어떠해야 하는지 살펴보기로 하지요.

배옥병

전국적 현황을 중심으로 얘기하면, 먹거리를 매개로 하여 민민/관관/민관의 협치가 잘 이루어져야 하는데 관으로 들어가면 행정 내부에서 부적합문제가 너무 심각합니다. 심지어 얼마 전에 서산에 갔더니 먹거리 연관 부서가 16개래요. 16개 부서의 먹거리 정책을 통합해 내는 건 누가 해도 힘들어요. 그건 중앙부처도 똑같습니다. 부서 칸막이로 인해 관 내부에서도 협치가 잘 안 됩니다.

중앙정부가 먹거리 종합전략-푸드플랜을 하겠다고 하지만 학교급식운동을 이해하지 못하면서 일을 이어받아 로컬푸드 중심으로 조직을 편성합니다. 또 학교급식 중심부서에선 학교급식 중심으로 하고요 이렇게 분리되는 거죠. 그러다 보면 아까 얘기 나왔던 못난이 사과 같은 식재료 선택의 문제로 대립하게 되는 부분도 있어요. 민민 사이에도, 관관 사이에도 갈등이 있습니다.

우리가 먹거리 통합전략을 어떻게 세워서 실행 가능하게 할 것인가, 결국 연대를 만들어서 통합력을 만들어내야 하는데요. 수십 년간 먹거리운동과 시민사회운동 하면서 단체 입장에서는 주장을 많이 했지만, 행정은 사실 실현 가능한 로드맵을 제안해주지 않으면 잘 받아들이지 못합니다. 행정에는 실행 가능한 것을 제안해야 합니다.

아무리 명분과 내용이 좋아도 실행 가능하지 않으면 실행 불가능한 이유를 100가지 이상 만들어내는 게 행정이었습니다. 이럴 때 어떻게 깨어있는 먹거리 시민으로서 역량을 강화해 행정과 파트너십을 형성하고 민관협치를 통해서 할 수 있나 깨달았고요. 서울시에서 이제 2년 정도 지나니까 서로의 관계를 이해하는 수준이 됐어요. 그럼에도 불구하고 행정 쪽에서는 민관협치가 귀찮은 거죠. 일도 많아지고요. 우리들의 요구 내용에 대해 어쩔 수 없이 받아들이긴 하지만, 실현해내는 과정은 나름대로 힘듭니다.

그래서 농림축산부 들어가서 전문가들이 공무원과 시

민사회단체까지 인원을 데려와 진행하는 푸드아카데미 교육을 제안했습니다. 공무원들은 같이 일할 만하면 자리가 바뀌어버리죠. 그럼 처음부터 다시 시작입니다. 시민사회도 역량이 강화되면 지속성을 가지게 되기 때문에 공무원과 시민사회 영역의 협치를 기본으로 해야 합니다. 민민/관관/민관협치가 잘 되려면 거버넌스 조직을 만들고 그 안에서 믿음과 신뢰를 가지고 시간과 공을 들여 노력해야 합니다. 나름대로 한계도 있지만, 긍정적으로 평가를 받죠.

윤병선

저도 먹거리시민위원회에 참여하면서 느낀 건데, 부서 간 칸막이에 대해 많이 말씀하셨듯이, 위원회에 들어왔음에도 불구하고 협치를 이해 못 하는 경우가 많더군요. 심지어 위원회의 기능이 단지 집행부를 도와주는 거라는 인식도 있었습니다. 그렇다면 협치의 취지와 다른 것이고요. 그런 면에서 민간의 역량 강화가 필요하지만, 민간의 역량이 강화될 수 없었던 객관적 현실, 이른바 탑-다운 방식의 위원회 운영이 만들어놓은 결과라는 인식도 필요합니다. 경험과 훈련을 통해서 극복될 수 있을 것으로 봅니다.

그리고 사실 먹거리 관련해서, 밀라노 도시먹거리협약에서 6개의 핵심정책 영역이 있는데, 그 첫 번째가 협치입니다. 서울시가 2017년에 발표한 먹거리마스터플랜에서도 협치의 중요성을 강조하고 있지요.

지역 먹거리 전략과 관련해서, 지역에 가보면 부서 간 칸막이뿐 아니라 기초 지자체 집행부와 의회와의 갈등이 심한 경우도 있습니다.

특히 기초 단위로 가게 되면 지역 기반의 경제적 이해관계가 상충하기도 하고요. 그야말로 중앙정부에서 잘 만들어진 귤이 지방으로 내려가면 탱자가 되는 경우가 있기 때문에, 아까 말씀하신 대로 통합적으로 아우를 수 있는 법적 테두리도 필요합니다.

박미진

저는 제도화도 다 필요하고 중요한데, 결국에는 시민사회 역량의 정도에 따라 협치의 정도가 달라진다고 생각하거든요. 먹거리 플랜과정에서도 나타나는 문제라고 생각하는데, 먹거리 활동가를 어떻게 양성하고 지역사회에서 자기 역할을 하도록 만들어 줄 것이냐, 먹거리 관련 민주시민을 어떻게 양성하느냐가 중요합니다. 법과 제도화를 얘기하면, 학교급식지원센터를 2006년 이후 급식법에 넣을 수 있도록 견인·강제할 수 있는 준비·노력과 거버넌스 기구로 활동할 때 자기 역할을 어떻게 높일 건지 등 여러 문제가 있었어요. 거버넌스 대상이 논의할 수 있는 수준이 되어야 하기 때문에 국회가 아니더라도 중앙부터 지역까지 시민사회의 역량을 높일 수 있는 준비가 우선 필요합니다. 먹거리 활동가를 양성하고, 활동계획을 피드백하고, 활동을 통해 중앙과 지역의 푸드플랜을 서로 모니터링하는 체계를 만들어내는 게 중요합니다.

허헌중

최근에 발족한 전국먹거리연대가 중요한 과제를 안고 있는 것 같아요. 기초 시군구나 광역에서 먹거리와 관련해서 중간지원조직이 많아질 텐데 시민사회에서 파견되어 활동할 인적자원도 필요합니다. 시민사회 활동가들과 네트워크 조직이 각 지자체 및 중앙정부 푸드플랜의 수립과 추진, 이행 점검 및 평가를 하는 상시 활동체계를 구축해야 할 시점입니다.

전국먹거리연대의 핵심 활동과제가 여기에 있는 것 같습니다. 특히 식생활과 관련된 예산을 견인하고 강제할 수 있는 것도 지역의 시민사회입니다. 국내외 연수도 하고 역량을 강화하는 것이 시민사회의 몫이며 이에 대한 예산을 지속적으로 지원하는 것도 푸드플랜의 중요한 과제라고 봅니다.

문제는 민관협치기구로서 먹거리위원회를 만드는 데 있어, 상설기구가 되려면 그걸 뒷받침하는 사무국이나 그런 역할을 할 수 있는 정책자문관이 있어야 합니다.

푸드플랜 만들 때 위원회가 있고, 전담부서 체계는 있지만요. 광역이나 시군구에서는 사무국 역할을 민간활동가와 전담행정이 같이 꾸려갈 수 있죠. 그래서 푸드플랜의 일상적 점검, 모니터링을 정책 실무적으로 하는 거죠. 위원회가 상시적으로 제 역할을 하도록 해야 실효성 있는 협치가 가능할 것 같습니다.

푸드플랜의 수립과 추진도 사람이 하는 거니까 전국적으로 역량 강화를 어떻게 하느냐에 전국먹거리연대와 각 지역 먹거리연대가 집중해야 합니다.

박미진

위원회에 대해 말씀드리면, 제대로 기능하려면 개선방향을 잡아야 해요.

서울 먹거리위원이 100명이고 경기도가 50명인데, 위원회를 운영하려면 사무국과 사업비가 필요합니다. 이게 우리의 요구사항입니다. 법 개정이 필요해요. 지방자치법상 개별 위원회에 사무국을 둘 수 없게 되어있습니다. 유일하게 옴부즈맨 제도는 개별법령으로 지원사무국 설치가 가능한데, 경기도에 위원회가 250개 정도 되지만 어떤 경우에도 사무국을 둘 수 없게 되어있어요.

위원회와 위원회 업무를 전담할 수 있는 전담부서를 지정하는 형태로 끝나버렸죠. 그러다 보니 먹거리위원회가 다양한 사람들로 구성돼 있는데도 실행할 동력이 없는 거예요. 단순 의견 개진 정도에 머무를 수밖에 없죠. 위원회의 운영을 활성화하는 것이 법 개정의 주요 사안이고요. 법 개정이 안 되어 사무국이 없더라도 민간 진영과 행정이 위원회를 같이 운영하는 협의를 해야 하고요. 사업할 수 있는 예산을 시범운영으로 제안하고요. 어떡하든 한번 해보자는 태도도 필요하죠. 그리고 위원회를 통합할 필요도 있습니다. 먹거리위원회 안에 함께해야 할 위원회가 너무 많은 거죠. 기존 각종 조례에 따라 개별 위원회가 통합 위원회로 들어가게 하는 게 필요합니다. 개별 법령에 따라 위원회도 굉장히 많이 산재해있습니다. 각종 위원회를 통합하고 중앙정부에서도 노력해야 정책실현에 반영할 수 있습니다.

배옥병

그 문제에 대해 제가 서울시 정책자문관으로 활동했던 경험에 비추어보면, 위원회 전담 사무국보다는 실·국 차원의 먹거리 전담부서를 두고 이 부서가 위원회를 지원할 팀을 설치하는 게 가장 깔끔하다고 봐요. 지금 서울시처럼 전략팀에 모든 걸 맡겨놓는 식으로는 아무것도 해결하지 못해요.

아울러 먹거리 정책자문관이 들어가 있어도 말 그대로 힘이 없는 자문관이에요. 그나마 제가 살아온 과정에서 나름의 역할과 위치가 있었기 때문에 일정 부분 반영된 측면이 있어요.

먹거리위원회를 만들어야 한다, 중간조직이 자기 역할을 국가 차원·지방자치 차원에서 행정 내에 만들어야 한다, 전담부서·위원회·푸드통합지원센터 이 세 개는 국가 차원에서 구체적으로 실현해야 한다, 이게 핵심 포인트에요. 국가차원 위원회는 여러 개의 흩어진 부서를 모아서 통합 전담부서를 만들고 전국 푸드통합지원센터를 만들어야 해요. 중앙조직이 있어야 한다는 거죠. 중간요직을 만들어서 정책자문관을 만드는 것도 가능하지만 장기적으로 봐서는 전담부서가 필요하다고 봐요.

저는 서울시 먹거리 기본조례가 여느 나라에 뒤지지 않는 좋은 제도라고 생각합니다. 실질적인 기능을 하도록 수준을 올려놨어요. 우리 신생 영역의 성숙도가, 공무원 사회의 성숙도가 그런 형식의 거버넌스를 만들어야 합니다. 전국에 푸드통합지원센터가 만들어지면 개별 지자체 차원에서의 운영은 맞지 않으니 이를 어떻게 컨트롤할 것인지가 중요합니다. 공무원과 총괄위원회, 전담부서, 유관 부서 간의 협력체계가 필요합니다. 그것은 민관협치를 통해 행복한 밥상, 좋은 밥상을 만들 수 있는 구체적 실행이 가능한 하드웨어와 소프트웨어 측면에서 다양한 기능을 할 수 있습니다. 행정 내의 자원과 조율, 조정을 통해 협치를 이루는 거니까 정책관이나 정책 자문 같은 것은 과도기적인 것이고 결국 전담부서가 있어야 안정적으로 갈 수 있죠.

허헌중 :

다행스러운 것은 각 지역 푸드플랜을 수립하고 추진할 때 총괄위원회, 전담부서, 전담부서를 통한 유관 부서의 행정협의체계는 전국 공히 기획되는 것 같습니다만, 문제는 민관협치와 시행을 얼마나 실효성 있게 하는 정책추진체계를 만드느냐에 있을 겁니다.

이혜원

저는 교육문제 중에서 먹거리와 환경문제를 같이 교육에 엮어서 먹거리문제, 환경문제가 같은 문제라는 기본 방향을 설정하는 게 필요하다고 봐요. 구조에 대한 개념은 좀 어렵네요.
서울시도 식품정책도 있고 도시농업부도 있는데 그런 것들이 통폐합될 가능성은 없나요?

허헌중

영국의 경우 그런 현실적 인식에서 소비 파트, 환경 파트, 농업 파트가 통합됐는데 우리도 그렇게 가지 않겠습니까? 우리가 생산주의적 체계로 나뉘어 있어서 아직은 그런 미래지향적인 일을 못 하고 있는 실정입니다.

오늘 뜻깊은 자리에 참여해 우리 사회 먹거리정책의 방향과 과제에 대해 말씀해주신 데 대해 감사드립니다. 무엇보다 국민 누구나 건강하고 안전한 먹거리를 안정적으로 확보하도록 하는 것, 곧 국민의 먹거리 기본권 보장이 국가의 기본 책무가 되도록 해야 할 것 같습니다. 이런 측면에서 중앙정부가 지자체와 함께 국민(주민)의 먹거리 기본권 보장을 위한 정책과 예산을 수립·추진하는 국가(지역) 푸드플랜을 올바로 수립·추진해야 하며, 그 수립·시행·평가 전 과정에서 민관협치가 제대로 실효성 있게 작동하도록 제도화하고 역량 강화를 해야 할 시점인 것 같습니다. 그리고 특히 이번 21대 국회는 국민의 먹거리 기본권 보장에 투철한 의원들이 많이 선출되어 국민 누구나 어디서든 건강하고 안전하고 행복한 밥상을 누리는 민생국회가 되어야겠습니다.

배옥병의 세상을 바꾸는 행복한 밥상
국민의 건강, 농촌의 희망, 지구의 행복을 향해 걸어갑니다

초판 1쇄 인쇄일 2019년 12월 30일
초판 1쇄 발행일 2020년 1월 7일

지은이	배옥병		
편집	김세라	**표지 사진 · 디자인**	INCH
디자인	이하나	**인쇄 · 제책**	황금연필

펴낸곳 도서출판 은빛
펴낸이 천호선
출판등록 2013년 4월 26일
홈페이지 www.mylifestory.kr
주소 서울시 은평구 통일로 684 서울혁신파크 1동 303-B호
전화번호 070-8770-5100

가격 15,000원
ISBN 979-11-87232-16-2 (03330)
● 이 책의 내용은 저작권법의 보호를 받는 저작물이므로 무단전재와 복제를 금합니다.
(CIP제어번호:CIP2019053579)
● 본 도서를 제작하는 과정에서 사진 자료의 이용과 관련하여 일부 사진은 사전에 관계자분들의 동의를 구하지 못하였습니다. 이 점, 너그럽게 양해해 주시기 랍니다.